매일 8체질 주스

신수림 지음

내 몸에 딱!

한의사의
맞춤
처방

매일 8체질 주스

니들북

prologue

저는 어렸을 때부터 몸이 많이 약해서 조금만 피곤해도 코피가 흐르고, 낯선 곳에 가면 배탈이 나서 음식을 제대로 먹지 못했습니다. 몸이 약하다 보니 체구도 작아 친구들과 함께 있으면 저를 동생으로 보는 경우도 허다했습니다. 한의대에 진학하고 한약에 대한 접근이 쉬워지면서 각종 항생제, 소염제, 진통제, 소화제를 복용하는 횟수가 줄어들었지만, 여전히 심한 체기나 생리통이 한번씩 찾아와 저를 괴롭혔습니다. 여기에 대학교 2학년 때 갑자기 심해진 여드름, 때때로 극심해지는 턱관절 장애 등 진료 과목별로 앓고 있는 질환이 하나 이상씩 있을 정도로 안 좋은 곳이 많았습니다.

그러던 중 한의대 본과 4학년 수업 시간에 8체질 의학을 처음 접했습니다. 당시에는 내용이 생소할뿐더러 이미 사상 체질에 관심이 쏠려 있던 터라 수업도 그리 열심히 듣지 않았습니다. 그런데 사람 인연이라는 게 참 신기하게도 대학 졸업 후 8체질 한방 병원에서 일하며 8체질에 빠져들게 되었습니다. 물론 처음부터 8체질에 매료되었던 것은 아닙니다. 8체질 한방 병원에 입사했을 때만 해도 8체질로 진료를 보지 않아도 되느냐고 물어봤을 만큼 관심이 없었습니다(지금 생각하면 너무 당돌했던 것 같습니다). 그러던 중 결정적인 사건이 일어났습니다. 어느 새벽, 극심한 생리통으로 잠이 깼고 진통제 2알로 버텨보려 했지만 시간이 지나도 나아질 기미가 보이지 않았습니다. 이대로 가다간 응급실행을 면치 못할 것 같아 서랍에 넣어뒀던 체질 침관(체질 침은 일반 침과는 달리 침을 놨다가 뺐다가 하는 것을 반복하기 때문에 특별한 침관을 사용합니다)을 꺼내 체질 침을 놓기 시작했습니다. 서투르게나마 제 몸에 한 혈, 한 혈 침을 놓고 다시 자리에 누웠는데 기적처럼 복부 경련이 잦아들고 허리가 편안해지면서 잠이 오기 시작했습니다. 그러고 나서 눈을 떴을 때는 이미 아침이었습니다. 간밤에 저를 괴롭히던 생리통은 눈 녹듯 사라지고 없었습니다.

더불어 체질식을 하면서 여드름이 개선되기 시작했습니다. 몸이 예민해서 체질에 맞지 않는 음식을 먹으면 얼굴에 바로 염증성 여드름이 올라오는 게 보였기에 이를 예방하기 위해 자연스럽게 체질식을 더욱 철저히 지키게 되었습니다.

8체질로 내 몸을 돌보는 방법은 여러 가지가 있지만 이 중 '8체질 주스'가 가장 따라 하기 쉽고 실용적이라 생각했습니다. 신선한 채소와 과일로 만든 주스는 체질을 모르더라도 건강을 위해 실천할 수 있는 가장 간편한 방법이라는 것을 체험을 통해 알게 되었습니다. 그리고 제가 직접 만들어 먹는 주스 레시피를 카카오 브런치에서 더 많은 분들에게 공유하기 시작했습니다.

저는 지금도 매일 체질에 맞는 주스로 아침을 시작하고 있고, 제 한의원에서 8체질 다이어트를 하는 분들에게 체질별 주스 레시피를 알려드리고 있습니다. 8체질에 맞게 다이어트를 하면 좋은 점이 정말 많습니다. 억지로 굶거나 허기를 참을 필요가 없고, 저칼로리로 살을 빼는 게 아니므로 체중 감량 이후 체중을 유지하는 일도 다른 다이어트법에 비해 쉬운 편입니다. 뿐만 아니라 다이어트를 할 때 특정 음식(닭가슴살, 두유 등)을 집중적으로 먹는 경우가 많은데, 체질에 맞지 않는 음식 위주로 먹으면 소화 불량, 피부 트러블, 극심한 피로 등의 불편감으로 지속적인 다이어트에 방해가 될 수 있습니다. 하지만 처음부터 8체질에 맞게 다이어트를 하면 이런 상황을 미연에 방지할 수 있습니다.

무엇보다 8체질 다이어트의 가장 큰 강점은 건강도 챙길 수 있다는 것입니다. 처음에는 휴가 전 예쁜 몸매를 만들고 싶어서 혹은 출산 후 살을 빼고 싶어서 다이어트를 시작했지만, 8체질 다이어트를 하면서 각자에게 당연하고 익숙했던 고질병이 하나둘씩 사라지는 경험을 하는 분들이 많습니다. 이와 같은 8체질 다이어트의 장점을 적

극 반영하고 평소 8체질 다이어트에 관심이 있었던 독자분들을 위해 책 속에 '체질별 다이어트 꿀팁'을 담았습니다.

그렇다고 제가 지금 완벽하게 건강하다는 건 아닙니다. 그렇지만 한의원을 경영하면서 진료를 하고, 진료 후에 운동을 가며, 쉬는 날 여행을 다닐 수 있는 생활이 가능해진 것은 8체질 의학을 알게 된 덕분입니다. 그런 의미에서 8체질 의학을 창시하신 권도원 박사님과 저의 스승님이신 조병제 원장님께 항상 감사한 마음을 갖고 있습니다. 저의 의학적 시야를 넓혀주신 이원석 교수님, 부족한 딸을 조건 없이 사랑해주신 부모님, 늘 곁에서 응원해주는 남편 주성완과 저의 소중한 벗들에게 사랑을 전하고 싶습니다. 또한 매일 저에게 가르침을 주시는 환자분들과 이런 소중한 기회를 만들어주신 출판사에 감사드립니다. 마지막으로 이 책을 통해 저와 인연을 맺게 된 모든 독자분들의 삶이 더욱 건강하고 자신감 넘치기를 진심으로 기원합니다.

2019년 6월
신수림

Contents

prologue | 4

『매일 8체질 주스』를 시작하기전에

8체질 주스를 시작한 계기 | 14
자가 진단으로 알아보는 8체질 | 20
8체질 주스를 더 맛있게, 더 건강하게 즐기는 법 | 36
8체질 주스 레시피 활용법 | 39
8체질 주스 재료와 도구 | 42

PART ONE
목양·목음 체질 주스

○ **호흡기가 약한 목양 체질을 위한 주스**

01 파프리카배자몽주스 | 52
02 토마토아스파라거스주스 | 54
03 비트사과당근주스 | 56
04 연근브라질너트아몬드밀크스무디 | 58
05 아보카도망고브라질너트스무디 | 60
06 파프리카방울토마토수박주스 | 62
07 사과자몽레몬주스 | 64
08 오렌지파프리카스파라거스주스 | 66
09 수박비트자몽주스 | 68
10 배무꿀주스 | 70

○ **대장이 약한 목음 체질을 위한 주스**

01 배콩나물주스 | 74
02 도라지잣밀크셰이크 | 76
03 오디두부치아시드주스 | 78

04	단호박연근양파주스	80
05	멜론아보카도스무디	82
06	무콜리플라워배주스	84
07	두부적양배추비트주스	86
08	콜리플라워고구마당근셰이크	88
09	오디적양배추아몬드셰이크	90
10	두부당근호두셰이크	92

+ 플러스 꿀팁 | 목양·목음 체질 다이어트 | 94

PART TWO
토양·토음
체질 주스

● **비뇨·생식기가 약한 토양 체질을 위한 주스**

01	바나나브로콜리요거트셰이크	100
02	양배추파인애플알로에주스	102
03	바나나양배추오트밀셰이크	104
04	청경채키위셀러리주스	106
05	아보카도블루베리스무디	108
06	블루베리양배추요거트셰이크	110
07	비타민채키위주스	112
08	참외셀러리오이주스	114
09	수박당근주스	116
10	복분자블루베리양배추셰이크	118

● **방광이 약한 토음 체질을 위한 주스**

01	멜론오이수박주스	122
02	파인애플치커리밀싹주스	124
03	석앙배추비나나요거트셰이크	126
04	상추무화과셰이크	128
05	브로콜리블루베리바나나셰이크	130
06	새싹채소양상추알로에주스	132

07	케일딸기비타민채주스		*134*
08	키위쑥갓셀러리주스		*136*
09	콜리플라워배바나나주스		*138*
10	말차바나나브로콜리셰이크		*140*

> **+** 플러스 꿀팁 | 토양·토음 체질 다이어트 | *142*

PART THREE
금양·금음 체질 주스

○ **간이 약한 금양 체질을 위한 주스**

01	시금치셀러리키위주스		*148*
02	케일브로콜리바나나주스		*150*
03	청포도청경채주스		*152*
04	포도체리에이드		*154*
05	복숭아아보카도양상추스무디		*156*
06	딸기쑥갓주스		*158*
07	참외오이알로에주스		*160*
08	딸기적양배추바나나주스		*162*
09	파인애플오이양상추주스		*164*
10	복분자블루베리양상추주스		*166*

○ **담낭이 약한 금음 체질을 위한 주스**

01	무화과아보카도카카오닙스스무디		*170*
02	홍시방울토마토카카오닙스주스		*172*
03	치커리파인애플청경채주스		*174*
04	케일아스파라거스키위주스		*176*
05	포도적양배추아로니아에이드		*178*
06	청포도키위케일주스		*180*
07	파인애플셀러리주스		*182*
08	망고파프리카카카오닙스주스		*184*
09	복숭아양배추대추야자주스		*186*

| 10 | 비타민채케일바나나주스 | 188 |

| + | 플러스 꿀팁 | 금양·금음 체질 다이어트 | 190 |

○ **소화기가 약한 수양 체질을 위한 주스**

01	귤칼라만시방울토마토주스	196
02	아보카도망고고추스무디	198
03	토마토시금치고추주스	200
04	단호박당근잣주스	202
05	망고사과강황주스	204
06	자몽자두밀싹주스	206
07	사과당근대추주스	208
08	도라지호두두유셰이크	210
09	레몬방울토마토매실주스	212
10	더덕검은콩밀크셰이크	214

○ **위장이 약한 수음 체질을 위한 주스**

01	망고당근주스	218
02	귤파프리카강황주스	220
03	사과자두밀싹주스	222
04	자몽양파레모네이드	224
05	배도라지잣주스	226
06	자두비트주스	228
07	망고두리안당근주스	230
08	토마토당근대추주스	232
09	골드키위시금치주스	234
10	자두방울토마토에이드	236

| + | 플리스 꿀팁 | 수양·수음 체질 다이어트 | 238 |

『매일 8체질 주스』를 시작하기 전에

8체질 주스를
시작한 계기

주스 라이프가 선사한 건강한 식습관

제가 주스 라이프를 시작한 건 오로지 저를 위해서였습니다. 혼자 살면서 식습관이 무너지고 이것저것 '얻은' 것들이 많았기 때문입니다. 물론 부모님으로부터 벗어나 자유도 얻긴 했지만 득보다는 실이 많았고 무엇보다 다양한 신체 변화를 겪게 되었습니다. 가장 충격적이었던 두 가지는 가슴 위쪽 피부에서 발견된 건선과 튜브 같은 뱃살이었습니다.

이는, 다이어트 때문에 고민하는 환자들 그리고 아토피나 알레르기성 피부염, 건선 때문에 고통받는 환자들을 주로 진료해왔음에도 나는 그런 것들에서 영원히 자유로울 거라고 확신했던 제가 경솔했음을 깨닫는 계기가 되었습니다. 의사라고 아프지 말라는 법 따위는 없는데 말이죠. 한편으로는 그런 질환(뱃살, 체중 증가도 병이라고 보는 관점에서)이 하루아침에 생기는 게 아니라는 것을 너무나 잘 알기에 저의 생활 습관, 특히 변화된 식습관을 되돌아보게 되었습니다.

혼자 살면서 끼니마다 밥을 해 먹는다는 것은 쉬운 일이 아니었습니다(더군다나 요리라는 것을 해본 적이 없었기에 더욱 힘들었답니다). 오전 11시에 출근해서 저녁 9시를 넘겨 퇴근하고, 점심시간 없이 일할 때도 많았던 근무 환경에서 삼시 세끼를 건강하게 챙겨 먹는 일이란 거의 불가능에 가까웠습니다. 게다가 빠르고 쉽게 끼니를 때울 수 있는 인스턴트 음식을 자주 먹었고, 낮 동안 제대로 된 식사를 하지 못한 데에 대한 보상이라도 하듯 야식을 먹는 일이 잦아졌습니다. 그렇게 식습관이 무너지면서 식사 패턴이 변하고, 또 음식의 영양이 편중되었습니다. 많은 자취생들이 그렇듯 채소는 신경 써서 챙겨 먹는 일이 없었는데 이대로는 안 되겠다 싶어 생각해낸 것이 바로 주스였습니다.

주스는 원하는 재료를 넣고 갈기만 하면 되므로 바쁜 아침 출근 시간에 뚝딱 만들어서 마시고 나갈 수 있고, 오후에 마실 것까지 미리 만들어서 텀블러나 보온병에 담아 가지고 나가면 끼니를 제대로 챙겨 먹을 수 없을 때 식사 대용으로 좋습니다. 특히 거의 모든 시간을 진료실에 앉아서 일하는 제 근무 환경에서 호로록 마시기만 하면 끝나는 주스는 완벽에 가까운 해결책이었습니다. 무엇보다 혼자 살면서 따로 챙겨 먹기 쉽지 않고 외식으로는 더더욱 많이 먹기 힘든 채소와 과일을 매일 먹을 수 있게 되어 좋았습니다.

그렇게 매일 주스를 마시면서 건선이 점점 나아졌고(물론 건선 치료를 위해서 한약도 복용했습니다), 삐죽삐죽 튀어나왔던 뱃살도 사라졌습니다. 순전히 나만을 위해 시작했던 주스 라이프였는데 제가 주스를 만들어 마시는 것을 보고 지인들이 따라 했고 효과를 보기 시작했습니다. 저와 주변 사람들의 주스 효과를 체험하며 저처럼 바쁜 라이프 스타일을 가진 환자들에게도 체질에 맞는 재료를 이용한 주스를 권하게 되었습니다. 그리고 더 많은 사람들이 주스 라이프로 건강해지기를 바라는 마음에서 카카오 브런치에 주스 레시피에 대한 칼럼을 쓰기 시작했고, 좋은 인연이 닿아 이렇게 책으로까지 소통하게 되었답니다.

8체질 주스의 장점과 주의 사항

주스의 장점은 매우 많습니다. 우선 제가 주스를 마시게 된 계기와 같이 식사 패턴을 바로잡을 수 있습니다. 2016년 국민 건강 영양 조사에 따르면, 성인의 30% 정도가 아침을 먹지 않으며 아침을 거르는 인구 비율은 증가하는 추세라고 합니다. 아침을 거르면 복부 비만이 생기거나 당뇨, 고지혈증에 걸릴 위험성이 높아집니다. 아침을 먹지 않는 사람은 간식을 많이 먹거나 저녁 때 과식할 가능성이 크다는 연구 결과가 있으며, 실제로 몸은 아침에 에너지 공급을 제대로 받지 못하면 체지방을 축적시키려는 경향이 커집니다. 이토록 중요한 아침 식사를 챙겨 먹기 힘든 사람들에게 주스는 훌륭한 아침 대용식이며, 궁극적으로 식사 패턴을 바로잡음으로써 비만 예방에 도움이 됩니다.

주스의 주재료는 제철 과일과 신선한 채소인데 이들은 비타민과 미네랄을 보충해 줍니다. 비타민과 미네랄 같은 미량 영양소는 인체의 대사와 구성, 신경 전달 등에 꼭 필요한 영양소입니다. 이들이 부족하면 여러 가지 결핍 증상이 나타나고, 인슐린 저항성이나 렙틴 저항성이 생겨 당뇨, 비만, 심혈관 질환을 유발하기도 합니다.

이 밖에도 주스를 마시면 식이 섬유 섭취가 늘어 혈당이 안정화되고 숙변과 노폐물 배출이 용이해집니다. 뿐만 아니라 항산화 효과가 뛰어난 물질 섭취가 늘어 노화를 방지할 수도 있죠.

그런데 이렇게 몸에 좋은 주스라 하더라도 체질에 맞지 않는 재료가 들어간 주스를 장기간 마시면 오히려 건강이 나빠지기도 합니다. 체질에 맞지 않는 음식을 섭취하면 몸에서는 일종의 알레르기 반응이 나타나는데, 몸 여기저기에 염증이 생기고 소화 불량, 설사, 피부염, 비염, 두통 등을 일으킬 수 있습니다. 매우 예민한 경우에는 체질에 맞지 않는 주스를 한두 번만 마셔도 불편감을 느끼지만, 대부분의 사람들은 음식이 체질에 맞지 않아서 몸이 불편하다는 생각을 잘 하지 못합니다. 그러다가 불편감이 반복되어 고질적인 증상이 되어버리면 그때 '원인을 알 수 없는' 피부염, 두통 등이 생겨 내원을 하게 되는 것입니다.

아직 유전학적으로 밝혀진 것은 아니나, '체질'이 있다는 데에는 많은 사람들이 경험적으로 동의합니다. 누구나 '나는 ○○만 먹으며 몸이 불편해' 하고 떠올리는 음식 한두 가지 정도는 있으니까요. 그리고 '우유에 알레르기가 있는 사람들의 상당수는 밀가루에도 알레르기가 있다'라는 식의 음식 알레르기에 대한 경향성을 연구한 결과도 종종 발표되고 있습니다.

체질에 맞는 재료를 골라 주스를 만들어 마시면 건강을 지키는 좋은 방법이 되는 동시에 나에게 맞지 않는 음식을 먹음으로 인해 생기는 여러 알레르기나 염증 반응을 예방할 수 있습니다. 그래서 알레르기 검사를 해도 밝혀지지 않는 원인 모를 증상이 체질식을 하면서 호전되는 경우를 굉장히 많이 봤습니다.

체질을 떠나서라도 신선한 채소와 과일로 만든 주스를 마시면 각종 비타민과 미네랄, 항산화 성분을 섭취해 노화 예방, 체중 조절 등의 장점을 누릴 수 있는데, 하물며 체질에 맞는 식재료로 만든 주스를 마시면 그런 장점이 더욱 극대화되겠죠. 요컨대, 체질 주스는 약한 장기를 보완하고 강한 장기가 더 항진되지 않게 해 체질적으로 생기기 쉬운 질환을 예방하고 면역력을 키워줍니다.

8체질 의학 살짝 짚고 넘어가기

서양에서는 히포크라테스가 피, 점액, 담액, 흑담액의 4가지 체액으로 체질을 구분할 수 있다고 했습니다. 이후 갈레노스가 그 이론을 4체액설로 정리해 전파했고 이는 1,500년가량 의학계의 정설로 자리 잡았습니다. 동양에서는 한의학의 바이블이라 불리는 『황제내경 - 영추』에서 음양오행의 관점에서 체질을 음양이십오인으로 분류했고, 이제마는 체질을 태양인, 태음인, 소양인, 소음인으로 분류해 사람에 따라 치료가 달라져야 한다고 했습니다.

8체질 의학은 1965년에 도쿄 국제침구학회에서 권도원 박사가 체질 침에 관한 논문을 발표하면서 알려지기 시작했습니다. 8체질 의학에서는 인간을 인종에 상관없이 개성, 즉 장부의 강약 배합에 따라 8가지(금양, 금음, 목양, 목음, 토양, 토음, 수양, 수음 체질)로 나누며, 이 8가지 체질에 따라 생리와 병리가 다르므로 치료법과 섭생법 또한 달라진다고 봅니다. 사상 의학에서도 사람을 '폐, 비, 간, 신'의 4가지 장기의 기능에 따라 태양인, 태음인, 소양인, 소음인으로 나누지만, 체질 분류나 치료 방법 면에서 8체질 의학과는 완전히 다르다고 할 수 있습니다.

체질 이름은 어떤 장기를 가장 강하게 타고 났는지를 나타내는데, 금은 폐와 대장, 목은 간과 담, 토는 췌장과 위장, 수는 신장과 방광을 의미합니다. 간혹 체질 이름에 들어가 있는 양과 음의 의미를 통상적으로 사용되는 음양의 의미로 많이 오해하곤 합니다. 흔한 예로 양 체질은 열이 많고 활동적이며, 음 체질은 열이 적고 내성적이라고 생각하는 경우가 많죠. 하지만 8체질의 체질 이름을 구성하는 음과 양은 그런 의미와는 전혀 관련이 없답니다. 양은 오장육부 중 오장(8체질에서는 육장으로 분류합니다)을, 음은 육부를 뜻합니다. 예를 들어, 금양 체질은 금에 해당하는 장인 폐가 가장 강합니다.

8체질 의학은 체질마다 장기들의 타고난 강하고 약함이 다르므로 체질에 따라 치료하거나 음식을 가려 먹음으로써 강한 장기가 더 강해지지 않게 하고, 약한 장기가 더 약해지지 않게 해 병리적인 과불균형(병적인 상태)을 막고 생리적인 적불균형(건강한 상태)을 유지하는 것을 목표로 합니다. 8체질 의학은 이미 여러 논문이나 치료 사례 등으로 효과가 검증되고 있으며, 유명 연예인들이 8체질에 따라 체질에 맞는 음식 위주의 식생활(일명 체질식)을 방송에서 보여주면서 많은 사람들에게 알려지고 있습니다.

체질은 혈액형처럼 타고나는 것입니다. 보통 '체질' 하면 성격이나 경향성처럼 '시간이 지나면서 변할 수 있는 것'이라는 의미가 내포된 경우가 많지만, 한의학, 특히 8체질 의학에서 '체질'은 가변적이기보다 '고정적' 그리고 후천적이기보다 '선천적'인 것입니다. 종종 "체질은 변하나요?" 라는 질문을 듣습니다. 8체질에 있어서 그에 대한 대답은 "아니요."입니다. 내 몸의 상태를 의미하는 '체질'은 변할 수 있지만, 타고난 장부강약을 뜻하는 '8체질'은 시간이 지나도 바뀌지 않습니다.

8체질과 사상체질은 어떻게 다른가요?

조선 후기 이제마가 『동의수세보원』에서 『주역』의 사상, 즉 태양, 태음, 소양, 소음을 인체에 결부시켜 사람의 체질을 4가지로 분류하면서 체질 의학이 우리나라의 고유 전통 의학이 되었습니다. 이제마는 체질에 따라 사람의 성격과 장기의 기능이 다르다는 것을 설명하고 각 체질에 따른 생리, 병리, 양생법과 치료법을 제시했습니다.

물론 이런 부분은 '체질 의학'이라는 점에서는 8체질 의학과 비슷합니다. 그렇지만 이제마는 '체질'이라는 용어를 직접 쓰지 않았으며, 사람을 구분할 때 폐, 비, 간, 신 중 가장 강한 장기와 가장 약한 장기를 기준으로 구분하며, 증상에 따라 '약'의 처방이 달라지는 것을 중점적으로 서술했습니다. 반면, 8체질 의학은 12개 장기(간, 담, 심, 소장, 비, 위, 폐, 대장, 신, 방광, 심포, 삼초)의 강약 배열로 체질을 구분하며, 이에 따라 치료 시 '침'의 처방이 달라져 침 의학이라고도 할 수 있습니다.

그리고 체질을 감별할 때도 '체질 진맥법'으로 맥에 절대적인 비중을 두는 8체질 의학과는 달리, 사상 의학에서는 겉으로 보이는 성격이나 체형에 많은 비중을 둬서 검사법에도 큰 차이가 있습니다(체질 검사법은 한의사의 개인적인 진료 방식에 따라 다를 수 있습니다).

사상 의학과 8체질 의학은 많은 부분이 다르지만, 체질 의학이라는 점에서 중의학과 구별되는 우리나라의 독창적인 의학 체계이며 전통 한의학에서 벗어난 획기적인 학설로 평가되고 있습니다.

자가 진단으로 알아보는 8체질

체질은 어떻게 알 수 있을까?

진료실 안팎을 불문하고 제가 한의사임을 아는 사람들에게 가장 많이 듣는 질문이 '저는 무슨 체질이에요?'입니다. 태양인, 태음인, 소양인, 소음인으로 나누는 사상 의학에서는 겉으로 보이는 체형이나 성격으로 체질을 유추하기도 합니다. 그러나 더 정확히 체질을 알기 위해서는 평소 몸 상태와 아플 때 나타나는 증상 그리고 맥진, 필요할 때는 약의 반응을 보기도 합니다. 8체질 의학에서는 겉으로 보이는 부분보다는 '체질 진맥'을 가장 우선시하고 맥상에 절대적인 비중을 둡니다. 그래서 그냥 몇 마디 이야기를 나누고 얼굴과 체형만 봐서는 알 수가 없죠. 때문에 8체질을 알기 위해서는 8체질 의학을 전문으로 하는 한의원에 방문해야만 합니다.

보통 진맥은 앉아서 하지만 체질 진맥은 누운 상태로 진행됩니다. 그리고 진맥을 하는 한의사가 검사받는 사람의 왼 손목과 오른 손목의 맥을 모두 확인하기 위해 좌우로 번갈아 진맥합니다. 체질은 한 번의 검사로 알 수도 있지만 필요에 따라 2~3회 이상 방문해야 정확히 알 수 있기도 합니다. 진료를 하다 보면 체질 검사를 받기 위해 전국 방방곡곡에 있는 8체질 한의원을 모두 돌아다니는 사람들이 있는데, 이는 그리 권할 만한 방법은 아닙니다.

계속 같은 체질로 진단받으면 좋겠지만, 여러 한의원에서 2가지 이상의 체질을 진단받는다면 체질에 대한 의심만 커지고 체질 섭생법이나 치료법 등의 필요한 도움은 받지 못하는 상황에 처하게 되기 때문입니다. 체질 검사를 받고 나서 의심이 든다면 몸에 불편한 증상이 생겼을 때 체질 검사를 받았던 한의원에 다시 방문해 8체질 치료를 받는 것이 체질 확인에 더 좋은 방법입니다. 체질이 맞지 않으면 치료 또한 효과를 볼 수 없으니까요. 실제로 체질은 치료 및 치료 과정에서 나타나는 효과나 부작용 등으로 최종 확진하게 된답니다.

'진맥으로 하는 체질 구분이 얼마나 정확할까?'라고 반문할 수 있습니다. 물론 진맥에 한의사의 주관적인 판단이 개입되기 쉬운 게 사실이긴 합니다. 이런 이유로 8체질 의학을 창시한 권도원 박사는 8체질 의학을 알리는 일을 조심스러워했습니다. 권 박사조차 오랫동안 치료해온 환자에게 어느 날 갑자기 다른 체질이라고 알려줬다는 일화도 있고요. 그래서 보다 객관적인 검사 방법을 연구 중이지만 아직까지는 체질 진맥이 체질을 구분하는 가장 중요한 방법입니다. 혈액 검사로 혈액형을 구분하듯 언젠가는 혈액이나 유전자 검사 등으로 체질을 구분할 수 있기를 기대합니다.

나의 체질 알아보기

*건강한 상태일 때를 기준으로 체크해보세요.

목양 체질

- ☐ 과묵한 편이다.
- ☐ 추진력이 좋은 편이다.
- ☐ 말을 많이 하면 피곤하다.
- ☐ 화를 내고 나면 기분이나 몸이 편해진다.
- ☐ 음식을 가리지 않고 먹는 편이다.

- ☐ 밀가루 음식을 좋아하고 먹고 나서 크게 불편감이 없다.
- ☐ 술과 물 같은 음료수를 잘 마신다.
- ☐ 목욕탕이나 사우나에 들어갔다 나오면 컨디션이 좋아진다.
- ☐ 평소에 땀이 많다.
- ☐ 신발 밑창이 잘 검게 변한다.

목음 체질

- ☐ 하루에 대변을 2~3번 이상 본다.
- ☐ 성격이 급한 편이다.
- ☐ 맥주를 마시면 설사를 잘 한다.
- ☐ 신발 밑창이 잘 검게 변한다.
- ☐ 감수성이 예민한 편이다.
- ☐ 복수심이 강한 편이다.
- ☐ 찬물에 들어갔다 나오거나 수영을 하고 나면 기침이 잘 난다.
- ☐ 아침에 일어났을 때 입에서 쓴맛이 날 때가 있다.
- ☐ 등 푸른 생선을 먹으면 아랫배가 불편할 때가 있다.
- ☐ 컨디션이 안 좋을 때 배꼽 주위가 불편하고 다리가 무겁게 느껴진다.

토양 체질

- ☐ 맛집 찾아다니는 것을 좋아한다.
- ☐ 낮잠을 잘 자지 않는다.

- ☐ 한자리에 있는 것보다 돌아다니는 것을 좋아한다.
- ☐ 정이 많은 편이다.
- ☐ 일찍 일어나는 편이다.
- ☐ 추위를 잘 느낀다.
- ☐ 이틀 이상 대변을 보지 못하면 불편하다.
- ☐ 색깔 구분을 잘한다.
- ☐ 소변을 자주 보는 편이다.
- ☐ 유행의 변화에 잘 따라가는 편이다.

토음 체질

* 10만~20만 명 중 1명 정도 있다고 할 정도로 아주 희귀한 체질입니다.

- ☐ 평소에는 전혀 급한 성격처럼 보이지 않다가 아주 급한 상황이 벌어지면 어쩔 줄 몰라 하며 정신없이 행동한다.
- ☐ 양약을 먹으면 부작용이 잘 생긴다.
- ☐ 가슴이 좁으면서 앞으로 튀어나와 있다.
- ☐ 오른쪽이 약한 편이다.
- ☐ 술이 잘 안 받는다.
- ☐ 잔병이 잘 생기지 않고 병원 가기를 아주 싫어한다.

금양 체질

- ☐ 생각이 많고 결정을 쉽게 내리지 못한다.

- ☐ 창의력이 뛰어난 편이다.
- ☐ 고집이 센 편이다.
- ☐ 걱정이 있으면 잠을 자지 못한다.
- ☐ 고기를 먹으면 몸에서 열이 생기는 느낌이 든다.
- ☐ 매운 음식을 먹으면 설사를 하거나 대변이 무르게 나온다.
- ☐ 내성적인 편이다.
- ☐ 아토피 피부염이나 비염이 있거나 코가 잘 막힌다.
- ☐ 고기를 매우 선호하며 배고픔을 잘 느낀다.
- ☐ 배에 가스가 잘 찬다.

금음 체질

- ☐ 잠이 많은 편이다.
- ☐ 화나는 일이 생기면 조절이 잘 되지 않고 화내고 나면 몸에서 힘이 빠지는 느낌이 든다.
- ☐ 코가 잘 막히거나 콧물이 잘 난다.
- ☐ 소리에 예민한 편이다.
- ☐ 약속 시간에 딱 맞춰 도착하거나 잘 늦는 편이다.
- ☐ 우울하거나 불안할 때 술 마시는 것을 좋아한다.
- ☐ 영양제나 약을 먹었을 때 특별히 좋은 느낌이 없다.
- ☐ 사교적인 편이다.
- ☐ 단거리 달리기보다 장거리 달리기를 잘한다.
- ☐ 고기를 많이 먹으면 대변이 가늘게 나오고 불편감이 생긴다.

수양 체질

- ☐ 의심이 많은 편이다.
- ☐ 화를 잘 참는다.
- ☐ 격식 차리는 것을 좋아한다.
- ☐ 꼼꼼한 편이다.
- ☐ 음식을 천천히 먹는 편이다.
- ☐ 맛집 찾아다니는 것을 좋아한다.
- ☐ 찬 음식을 좋아하지 않는다.
- ☐ 완벽주의 성향이 있다.
- ☐ 땀을 흘리고 나면 피곤함을 느낀다.
- ☐ 대변을 2~3일 이상 보지 못해도 특별히 불편하지 않다.

수음 체질

- ☐ 꼼꼼한 편이다.
- ☐ 정리를 잘한다.
- ☐ 밥을 국물이나 물과 함께 먹는 것을 좋아한다.
- ☐ 소식하는 것이 편하다.
- ☐ 컨디션이 좋지 않으면 대변이 물러지고 설사 후 힘이 빠지는 느낌이 든다.
- ☐ 찬 음식을 먹으면 소화가 잘 되지 않는다.
- ☐ 사우나나 목욕탕에 들어갔다 나오면 힘이 빠지는 느낌이 든다.
- ☐ 성욕이 강한 편이다.
- ☐ 술을 마셔도 소변을 자주 보지 않는 편이다.

☐ 감을 먹으면 소화가 잘 안 되는 느낌이 들거나 변비가 잘 생긴다.

8체질 기준표

이 책의 각 레시피에 사용되는 재료마다 체질별로 얼마나 잘 맞는 재료인지 참고할 수 있는 기준표를 실었습니다. 이를 바탕으로 내 체질 주스가 아니더라도 나에게 맞는 재료는 그대로 활용하고 맞지 않는 재료는 내 체질에 맞는 재료로 바꿔서 활용할 수 있답니다.

  주스 재료의 체질 기준표는 권도원 박사의 체질표를 기본으로 했습니다. 체질에 잘 맞는지의 여부를 별(★)로 표시했으며 별의 개수가 많을수록 해당 체질에 잘 맞는 재료입니다. 그리고 검증이 더 필요한 재료는 물음표(?)로 표시했습니다. 내 체질 음식이라 하더라도 몸 상태에 따라서 알레르기를 유발하거나 먹었을 때 불편한 증상이 있을 수 있습니다. 그런 재료는 체질에 맞는다고 하더라도 피하는 게 좋습니다.

체질 기준표

★★★★★	매일 먹으면 좋아요.
★★★★	자주 먹으면 좋아요.
★★★	가끔씩만 먹어요.
★★	가급적 먹지 않아요.
★	절대 먹지 않아요.
?	아직 체질 검증이 되지 않았어요.

8체질별 특징과 좋은 재료

목양 체질

간(담)이 가장 강하고 폐(대장)가 가장 약합니다. 신장(방광)이 두 번째로 강하고 췌장(위장)이 약한 편입니다. 건강한 상태에서도 혈압이 비교적 높은 편이라 최고 혈압이 120~139mmHg, 최저 혈압이 80~89mmHg로 나오더라도 걱정하지 않아도 됩니다. 건강함의 신호로 땀이 있는데, 땀이 귀찮을 정도로 많이 나며 잠을 잘 때도 땀을 많이 흘립니다. 반대로 몸이 약해졌거나 건강 상태가 좋지 않으면 땀이 줄어드는데, 이럴 때는 사우나나 반신욕으로 땀을 내는 게 좋습니다. 땀을 내는 격렬한 운동이나 등산을 하면 건강 관리에 도움이 됩니다. 과묵한 성향이 많으며 과묵한 성격이 아니더라도 말을 적게 하는 게 건강에 좋습니다. 추진력이 좋아서 사업가가 많고, 채식과 해산물을 즐겨 먹거나 냉수욕, 찬물 수영을 즐겨 하면 안색이 어둡고 검게 변하며 관절염, 비염, 두드러기, 대장 질환 등이 나타날 수 있습니다.

추천해요

채소류 무, 당근, 연근, 비트, 더덕, 도라지, 우엉, 토란, 감자, 고구마, 마, 생강, 토마토, 콩나물

과일류 사과, 배, 귤, 오렌지, 자몽, 레몬, 라임, 망고, 수박, 멜론, 리치, 아보카도

단백질류 콩, 병아리콩, 완두콩, 강낭콩, 땅콩, 아몬드, 캐슈너트, 은행, 호두, 밤, 잣, 도토리, 두유, 두부, 우유, 브라질너트

목음 체질

담(간)이 가장 강하고 대장(폐)이 가장 약합니다. 소장(심장)이 두 번째로 강하고 방광(신장)이 약한 편입니다. 대장의 건강 상태에 따라 몸의 전반적인 컨디션이 크게 좌우되는데, 건강이 좋지 않으면 아랫배가 싸하게 아프거나 불편하고 대변을 자주 봅니다. 건강할 때도 대변을 자주 보는 경향이 있는데, 소화가 잘 되고 크게 복통을 느끼지 않으면서 대변을 자주 보는 것은 괜찮습니다. 아랫배를 항상 따뜻하게 유지하는 게 좋고, 수영이나 찬물 목욕은 피합니다. 무른 변을 보거나 설사를 하기도 쉽지만 운동량이 너무 적으면 오히려 변비가 생기기도 합니다. 활동적이고 사교적이며 생활력이 강한 성향이 많아 영업직이 많습니다. 단, 조금만 서운한 말을 들어도 마음이 쉽게 상하고 오래가서 다른 사람들에게 비판받기도 하고, 감정 대립이 잦은 상황에 처하면 불면증이 생기거나 다리가 무거워지고 심지어 우울증이 생기는 등 건강이 악화되기 쉽습니다. 해물을 자주 섭취하면 관절염, 피부 질환이 생길 수 있고 고지혈증, 비만이 될 수 있으니 주의해야 합니다.

추천해요

채소류	무, 당근, 연근, 비트, 더덕, 도라지, 우엉, 토란, 감자, 고구마, 마, 콩나물
과일류	사과, 배, 수박, 멜론, 리치, 아보카도
단백질류	콩, 병아리콩, 완두콩, 강낭콩, 팥, 땅콩, 아몬드, 캐슈너트, 은행, 호두, 밤, 잣, 도토리, 두유, 두부, 우유, 브라질너트

토양 체질

췌장(위장)이 가장 강하고 신장(방광)이 가장 약합니다. 심장(소장)이 두 번째로 강하고 폐(대장)가 약한 편입니다. 성격이 급하고, 봉사심, 희생 정신, 정이 많은 사람들이 많습니다. 소화가 빨리 되어 허기짐을 자주 느끼고, 맛있는 것을 찾아다니는 사람들이 많습니다. 그만큼 먹는 것 때문에 탈이 나거나 소화 불량을 자주 호소하는 사람들이 많기도 합니다. 잠을 적게 자거나 일찍 자고 일찍 일어나는 사람들이 많고, 색깔을 구별하는 능력이 뛰어나거나 미적 감각이 좋은 사람들이 많습니다. 건강 상태가 좋지 않으면 소변을 자주 보고 변비가 생깁니다. 여성의 경우 난임이 종종 있고, 몸이 쇠약해지면 발을 디딜 때 아킬레스건 부위, 발바닥이 아프기도 합니다. 매운 음식을 즐기기 시작하면 식욕이 더욱 왕성해져 비만으로 이어지거나 만성 위염, 위궤양, 역류성 식도염으로 고생할 수 있습니다.

추천해요

채소류	배추, 양배추, 상추, 청경채, 오이, 무청, 미나리, 무, 당근, 연근, 적양배추, 콜리플라워, 브로콜리, 콩나물, 취나물, 두릅
과일류	배, 수박, 멜론, 포도, 청포도, 참외, 딸기, 바나나, 파인애플, 석류, 블루베리, 오디, 감, 복분자, 크랜베리, 코코넛, 무화과, 리치, 아보카도
단백질류	콩, 병아리콩, 완두콩, 강낭콩, 팥, 땅콩, 아몬드, 캐슈너트, 두유, 두부, 우유, 브라질너트

토음 체질

위장(췌장)이 가장 강하고 방광(신장)이 가장 약합니다. 대장(폐)이 두 번째로 강하고 담(간)이 약한 편입니다. 10만~20만 명 중 1명 정도 있다고 할 정도로 아주 희귀한 체질입니다. 양약에 부작용이 잘 생기며 간혹 페니실린 쇼크가 일어나기도 한다고 알려져 있습니다. 소화 장애가 잘 생기며 늘 시원한 음식과 신선한 음식을 섭취해야 하고 기름진 음식을 피하는 게 좋습니다. 센스가 좋고 책임감이 강하나, 성격이 급하고 소심한 성격의 소유자가 많습니다. 닭고기, 사과, 매운 음식을 좋아하면 위장 장애가 잘 생기며 전반적인 건강 상태가 악화됩니다.

추천해요

채소류	배추, 양배추, 상추, 청경채, 오이, 무청, 미나리, 적양배추, 콜리플라워, 브로콜리, 취나물, 두릅
과일류	수박, 멜론, 포도, 청포도, 참외, 딸기, 바나나, 파인애플, 석류, 블루베리, 오디, 감, 복분자, 크랜베리, 코코넛, 무화과, 리치, 아보카도
단백질류	완두콩, 강낭콩, 팥, 땅콩, 아몬드, 캐슈너트, 두부, 우유, 브라질너트

금양 체질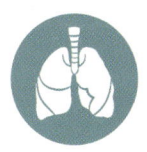

폐(대장)가 가장 강하고 간(담)이 가장 약합니다. 췌장(위장)이 두 번째로 강하고 신장(방광)이 약한 편입니다. 간이 약한 탓에 양약을 복용했을 때 부작용이 생기는 경우가 많고 영양제를 먹어도 특별하게 좋은 것을 잘 느끼지 못하거나 오히려 몸에 부담이 되는 경우가 많습니다. 그래서 정말 필요한 때만 적절하게 체질에 맞는 한약으로 짧게 복용하는 것을 권하는 편입니다. 육식을 즐기면 몸에 불편한 증상이 많이 나타나지만 고기 끊기를 어려워하는 사람들이 많은 체질이기도 합니다. 유난히 정전기가 잘 생기고, 아토피 피부염이나 비염이 많은 체질 중 하나입니다. 사우나, 반신욕, 격렬한 운동 등으로 땀을 많이 흘리면 힘이 빠지는 느낌이 들거나 알레르기 질환이 심해지니 땀 빼는 행위는 피합니다. 창의력이 뛰어난 사람이 많고, 생각은 많으나 결정을 쉽게 하지 못하는 성향이 많습니다. 채식을 즐기고, 오래 앉아 있기보다는 서서 생활을 할수록 건강에 좋습니다.

추천해요

채소류	배추, 양배추, 상추, 청경채, 오이, 미나리, 부추, 적양배추, 콜리플라워, 브로콜리, 취나물
과일류	포도, 청포도, 참외, 딸기, 바나나, 파인애플, 감, 복분자, 복숭아, 자두, 체리, 앵두, 살구, 무화과
단백질류	완두콩, 강낭콩, 팥, 두부

금음 체질

대장(폐)이 가장 강하고 담(간)이 가장 약합니다. 방광(신장)이 두 번째로 강하고 소장(심장)이 약한 편입니다. 육식을 자주 하면 화가 잘 나거나 난폭해지고 짜증이 잘 나는데, 화를 낼수록 건강이 악화되므로 화를 다스리거나 참는 법을 익히는 게 좋습니다. 또한 육식을 좋아하면 대변이 시원하게 나오지 않거나 가늘어집니다. 고기를 많이 먹으면 간 경화나 녹내장, 근무력증, 파킨슨병, 치매, 소뇌 위축증 등이 잘 생기니 주의해야 합니다. 일광욕이나 사우나, 반신욕과 같이 몸에 열을 내거나 땀을 빼는 행위는 좋지 않은데, 땀 내는 행위를 자주 하면 비염이 생기거나 감기에 걸리기 쉽습니다. 사교적이고, 청각적으로 예민해 음악적 재능을 가진 사람들이 많습니다.

추천해요

- **채소류** 배추, 양배추, 상추, 청경채, 오이, 시금치, 미나리, 부추, 적양배추, 콜리플라워, 브로콜리, 취나물
- **과일류** 포도, 청포도, 참외, 딸기, 바나나, 파인애플, 감, 복분자, 복숭아, 자두, 체리, 앵두, 살구, 무화과
- **단백질류** 완두콩, 강낭콩, 팥, 두부

수양 체질

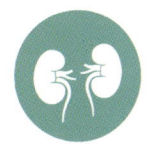

신장(방광)이 가장 강하고 췌장(위장)이 가장 약합니다. 폐(대장)가 두 번째로 강하고 심장(소장)이 약한 편입니다. 건강할 때 땀이 적고 허약할수록 땀이 납니다. 또한 사우나, 반신욕 등으로 땀을 흘리면 건강에 좋지 않습니다. 꼼꼼하고 치밀한 성격의 소유자가 많고 화가 날 만한 상황에도 침착하게 대처하는 성향이 많습니다. 격식을 차리고 멋내기를 좋아하는 사람들이 많습니다. 대변을 오랫동안 보지 않아도 불편감을 느끼지 않는 경우가 많고, 변비가 있어도 크게 문제되지 않습니다. 성욕이 강한 편이지만 겉으로 표를 내지 않고, 건강 상태가 좋지 않으면 성욕이 있어도 몸이 마음처럼 잘 되지 않습니다. 돼지고기, 해산물, 오이를 먹으면 소화 장애나 두드러기가 생기기 쉽습니다.

추천해요

채소류 배추, 양배추, 상추, 청경채, 시금치, 부추, 토마토, 감자, 고구마, 생강, 도라지, 토란, 더덕, 우엉, 적양배추, 콜리플라워, 브로콜리, 콩나물, 고추, 양파, 취나물

과일류 사과, 귤, 오렌지, 자몽, 레몬, 라임, 망고, 청포도

단백질류 콩, 병아리콩, 완두콩, 강낭콩, 땅콩, 아몬드, 캐슈너트, 은행, 호두, 밤, 잣, 도토리, 두부, 브라질너트

수음 체질

방광(신장)이 가장 강하고 위장(췌장)이 가장 약합니다. 담(간)이 두 번째로 강하고 대장(폐)이 약한 편입니다. 위장의 건강 상태가 몸의 전반적인 컨디션에 큰 영향을 주는 체질인데, 찬 음식을 자주 먹으면 위장 기능이 더욱 저하되어 건강이 악화되고 불안이나 망상 장애 등이 생기기도 합니다. 그래서 항상 소식하는 게 좋고, 규칙적인 식사가 중요합니다. 꼼꼼하며 추진력이 있고, 투기를 잘 하는 사람들이 많습니다. 과묵한 성향의 사람들이 많은데, 컨디션이 좋지 않을 때는 의심을 자주 하거나 회의적인 성향이 되기도 합니다. 몸이 좋지 않을 때는 무른 변을 자주 보고, 설사를 하고 나면 온몸에 힘이 빠지는 느낌이 들기도 합니다. 평소에 땀이 많이 나지 않게 몸을 서늘하게 유지하는 게 좋고, 사우나, 반신욕을 삼가야 합니다. 한랭 알레르기가 잘 생기는 체질이기도 합니다.

추천해요

채소류 시금치, 부추, 토마토, 무, 당근, 연근, 감자, 고구마, 마, 비트, 생강, 도라지, 토란, 더덕, 우엉, 콩나물, 고추, 양파

과일류 사과, 배, 귤, 오렌지, 자몽, 레몬, 라임, 망고

단백질류 콩, 병아리콩, 완두콩, 강낭콩, 땅콩, 아몬드, 캐슈너트, 은행, 호두, 밤, 잣, 도토리, 두부, 브라질너트

강한 장기 vs. 약한 장기

체질 진단 후 체질에 관한 설명이 있는 체질표를 보여주면 대부분의 환자들이 '○○가 강한 편이고'라는 대목에서 눈이 휘둥그레집니다. 그럴 만한 것이 일반적으로 강하다는 말은 긍정적인 의미, 즉 굳고 단단하다는 의미로 쓰이고 약하다는 말은 부정적인 뜻을 담아 쓰기 때문이죠. 그렇지만 체질의 특징을 나타내는 장부의 강하고 약함은 긍정적이거나 부정적인 의미를 뜻한다고 보기 어렵습니다. '강한 장기'라고 하면 항상 무쇠같이 튼튼하고 탈이 잘 나지 않을 것 같지만 그렇지 않거든요. 예를 들어, 오른손잡이라고 가정해봅시다. 오른손이 더 크거나 세고 발달한 오른손잡이는 평소에 글 쓸 때, 수저 잡을 때, 운동할 때 오른손을 주로 씁니다. 그러면 오른손이 왼손보다 더 다치거나 아플 가능성이 커지죠. 과격한 운동을 하면 오른 손목이나 팔꿈치, 어깨까지 아프기도 하고요. 이처럼 체질상 강한 장기는 더 많은 기능을 하므로 무리하기 쉽고 탈도 많이 납니다. 그래서 평소 약하다고 생각했던 곳이 강한 장기로 나오는 경우가 많습니다. 물론 약한 장기도 원래 약하기 때문에 쉽게 불편감을 느낄 수 있기는 합니다.

정리하자면, 강한 장기와 약한 장기 모두 안 좋아지기 쉬운 곳이지만 건강한 상태에서는 그 어떤 장기에도 특별한 증상이나 불편감이 느껴지지 않는 게 정상입니다. 따라서 건강할 때의 내 몸이 보이는 '현상'과 건강하지 않을 때 내 몸에서 나타나는 '증상'은 다릅니다. 종종 출산 후에 체질이 바뀌었다거나 군대에 가고 나서 체질이 바뀌었다고 말하는 사람들이 있는데, 이 또한 정확히 말하면 '타고난 체질'이 바뀐 것이라기보다는 '몸의 상태'가 바뀐 게 맞습니다. 똑같은 체질이라도 사람마다 몸에서 나타나는 현상이나 증상, 성향이 다른 것도 이 때문입니다.

8체질 주스를 더 맛있게,

더 건강하게 즐기는 법

8체질 주스 레시피의 특징

이 책의 레시피는 8체질에 따라 체질에 맞는 재료를 이용해 건강을 챙길 수 있도록 구성되어 있습니다. 요즘에는 언제, 어디서나 쉽게 건강 정보를 접할 수 있고 몸에 좋다는 음식이 차고 넘칩니다. 하지만 풍요 속의 빈곤이라는 말처럼 아무리 많은 영양제나 건강식을 섭취 중이라 하더라도 내 체질에 맞는 게 아니라면 실제로는 건강에 큰 도움이 되지 않을 수 있습니다. 이런 맹점을 보완한 『매일 8체질 주스』는 나에게 맞는 재료만을 쏙쏙 골라 섭취할 수 있도록 재료를 구성했습니다.

단, 내 체질을 아직 잘 알지 못하거나 체질과 상관없이 주스를 만들어 마시고 싶다면 이 책의 체질별 레시피를 골고루 돌아가며 만들어보면 됩니다. 예를 들어, 오늘 목양 체질 주스를 마셨다면 내일은 토양 체질 주스를 만들고, 그다음 날은 금음 체질 주스를 만드는 거죠. 이렇게 한 체질 주스를 길어도 일주일을 넘기지 않으면서 여러 체질 주스를 번갈아 마시면 큰 무리 없이 건강을 챙길 수 있습니다.

요즘에는 재료가 부족한 계절이 따로 있지 않고 언제든지 원하는 음식을 손쉽게 먹을 수 있습니다. 때문에 영양 과잉이 사회 문제가 되기도 합니다. 하지만 모순되게도 음식 섭취량과 별개로 비타민, 미네랄 등 미량 영양소 섭취가 부족한 '영양 부족'이 현대 사회에 엄연히 존재하고 있답니다. 그리고 이런 영양 불균형은 심부전, 위염,

비만 등의 여러 질환을 일으킵니다. 그래서 영양소를 고려하여 재료를 구성했고, 이렇게 부족해지기 쉬운 각종 비타민, 철분, 아연, 마그네슘, 식이 섬유를 주스로 매일 섭취하면 심혈관 질환, 당뇨, 비만 같은 대사 증후군과 치매, 뇌졸중과 같은 뇌 질환 그리고 각종 암 등을 예방할 수 있습니다.

또한 각 재료가 함께 사용되었을 때의 시너지 효과를 위해 최소 2가지 이상의 재료를 넣되, 소화, 흡수에 방해되지 않게 아무리 많아도 5가지 재료를 넘지 않도록 했습니다. 그리고 따로 조리할 필요가 없는 레시피가 대부분이어서 간단한 손질만 거치면 믹서로 빠르게 주스를 만들 수 있습니다.

뚝딱 만드는 건강에 좋은 주스라 하더라도 색이 흙탕물 같고 마셨을 때 눈이 찡그려질 정도로 맛없다면 매일 주스 마시는 일이 스트레스가 되겠죠? 즐거운 마음으로 주스를 맛있게 즐길 수 있도록 재료의 색, 맛, 식감, 향의 조화도 고려했습니다. 뿐만 아니라 개인의 취향에 따라 맛이 있고 없고의 차이가 있을 수 있어서, 이런 경우를 고려해 '레시피 활용법'에 주스를 더 맛있게 만들 수 있는 방법도 첨부해뒀답니다.

보통 주스를 맛있게 만들기 위해 설탕, 액상 과당, 인공 감미료 등을 넣지만, 체질 주스 레시피에는 건강을 위해 인공적인 단맛이 전혀 들어가지 않으며 과일로 단맛을 보충합니다. 과일의 양은 개인의 취향이나 건강 상태에 따라 조절할 수 있으며 이 또한 '레시피 활용법'을 참고하면 됩니다.

주스 언제, 어떻게 마실까?

🍷 주스를 마시는 시간은 아침 기상 후 공복일 때가 가장 좋습니다. 그때 마시는 것이 소화 및 영양 흡수가 가장 잘 되고 노폐물 배출에도 용이하기 때문입니다. 점심 먹기 전이나 오후 시간에 간식으로 드시는 것도 좋습니다. 그렇지만 늦은 밤에는 주스 섭취를 가급적 피해야 합니다. 특히 잠들기 직전에 주스를 마시면 수면을 방해하거나 위산 분비를 촉진시켜 역류성 식도염이 생길 수 있습니다.

🍷 갈아서 만든 주스이지만 그냥 삼키는 것보다는 씹어서 삼키는 것이 소화에 더 좋습니다. 맑은 주스를 씹는 게 어색하고 쉽지 않으면 주스를 만들 때 살짝 덜 갈아서 만드는 것도 한 방법입니다. 주스를 천천히 씹어 먹다 보면 포만감을 느끼는 데도 도움이 됩니다.

🍷 아무리 내 체질에 맞는 주스라도 한 가지 레시피로 일주일 이상 마시는 것은 피합니다. 재료마다 가지고 있는 영양 성분이 달라서 재료를 돌아가며 다양하게 먹어야 영양소를 골고루 섭취할 수 있습니다.

🍷 체질을 모른다면 체질별 주스를 돌아가며 마셔봅니다. 이때 한 레시피를 마시는 기간이 3일을 넘지 않도록 하면 더욱 좋습니다. 그리고 목양 체질 주스를 3일간 마신 이후 같은 목 체질인 목음 체질 주스를 3일간 마시는 것보다는 토 체질(토양 체질, 토음 체질)이나 금 체질(금양 체질, 금음 체질), 수 체질(수양 체질, 수음 체질) 주스를 마시고 이후에는 또 다른 체질의 주스 레시피로 넘어가는 게 좋습니다.

🍷 만든 주스는 빠른 시간 내에 마십니다. 재료를 주스로 만들면 영양소가 빠르게 파괴되므로 주스의 효능을 충분히 보기 위해 24시간 내에 마실 것을 권합니다. 만든 주스는 냉장 보관하거나 보냉 텀블러에 담아서 시원하게 보관합니다.

8체질 주스

레시피 활용법

🍷 주스를 마시는 게 익숙하지 않거나 평소 달달한 주스나 음료를 선호한다면 처음에는 레시피의 구성 재료 중 당도가 높은 과일류의 비율을 높여서 만들면 좋습니다. 시간이 지나 주스를 마시는 데 익숙해지면 건강을 위해 당도가 높은 재료의 비율을 점차적으로 줄이고 당도가 낮은 채소의 양을 늘려봅니다.

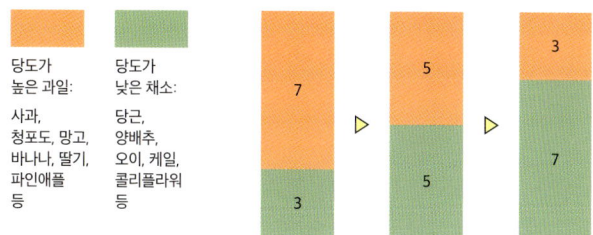

🍷 다이어트 중이거나 혈당 조절 장애, 당뇨, 고지혈증 등의 대사 증후군을 가지고 있다면 당도가 높은 재료의 양을 더 줄이거나 빼면 좋습니다. 특히 탄수화물 중독 증상이 있거나 배가 고프면 예민해지는 사람들은 당도가 높은 과일의 양이 당도가 상대적으로 낮은 채소의 양보다 많아지지 않게 주의합니다.

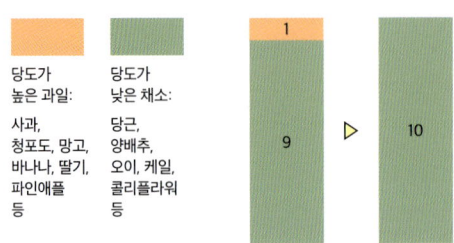

🍷 성장기 아이들을 위해 주스를 만들거나 한 끼 식사 대용으로 속을 든든하게 해줄 주스를 만든다면 기본 레시피에 체질에 맞는 견과류, 곡물류, 두부 등 단백질류를 추가하면 좋습니다.

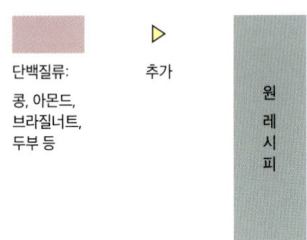

🍷 재료 중 1~2가지가 없으면 같은 카테고리의 다른 주스 레시피 재료로 대체하거나 3가지 이상의 재료로 구성된 레시피라면 하나 정도는 빼고 만들어도 좋습니다. 체질에 맞는 제철 재료가 집에 있다면 기본 레시피를 여러 가지로 응용해봅니다.

🍷 내 체질 주스가 아니더라도 다른 체질 주스를 응용해 더 다양한 주스를 즐길 수 있습니다. 이 책에는 주스 레시피마다 사용된 재료에 대한 체질 기준표가 있습니다. 내 체질에 맞는 재료는 그대로 활용하고, 잘 맞지 않는 재료만 나에게 잘 맞는 재료로 교체해 주스를 만들어봅니다.

체질별 응용하기 좋은
다른 체질 주스 레시피

목양 체질	→	목음 체질, 수음 체질
목음 체질	→	목양 체질, 토양 체질
토양 체질	→	토음 체질, 목음 체질
토음 체질	→	토양 체질, 금양 체질
금양 체질	→	금음 체질, 토음 체질
금음 체질	→	금양 체질, 수양 체질
수양 체질	→	수음 체질, 금음 체질
수음 체질	→	수양 체질, 목양 체질

8 체질 주스

재료와 도구

재료에 대해 알아두기

토마토 설탕과 함께 섭취하면 토마토의 비타민B가 다량 소실되므로 소금과 함께 섭취하는 게 좋습니다.

아스파라거스 조리하기 전에 희석한 설탕물(물 1/2컵＋설탕 1~2작은술)에 담가두면 아스파라거스의 수분과 당 소실을 막을 수 있습니다. 아스파라거스를 오래 먹으면 체내에서 메탄에티올이 생성되어 소변에서 지독한 냄새가 날 수 있습니다.

당근 당근은 익혀 먹어야 영양소 흡수가 더 잘 되는 채소이므로 4~5분간 익혀 먹습니다. 특히 당근의 껍질에는 비타민C를 산화시키는 아스코르비나아제

가 들어 있는데, 당근을 익히면 아스코르비나아제의 작용을 막을 수 있습니다. 단, 영양소 손실을 막기 위해서는 꼭 통째로 익혀야 하고, 큰 당근은 익히기 힘드니 꼬마 당근을 익혀 사용하는 것도 한 방법입니다. 섬유질이 위액 분비와 배변을 촉진시킬 수 있으므로 자기 직전, 늦은 밤에 먹는 것은 주의합니다. 껍질에 몸에 좋은 베타카로틴 성분이 많으니 껍질째 먹는 게 좋습니다.

비트 간혹 비트 색이 그대로 변으로 나와 혈변처럼 보일 수 있습니다. 섬유질이 위액 분비와 배변을 촉진시킬 수 있으므로 자기 직전, 늦은 밤에 먹는 것은 주의합니다.

사과 섬유질과 유기산 성분이 위액 분비와 배변을 촉진시킬 수 있으므로 자기 직전, 늦은 밤에 먹는 것은 주의합니다.

시금치 옥살산염을 다량 함유하고 있어 과다 섭취 시 신장결석을 유발할 수 있으나, 하루 500g 미만으로 섭취하면 걱정하지 않아도 됩니다. 또한 칼슘과 단백질이 들어 있는 식품을 같이 먹으면 결석이 생길 확률이 줄어듭니다. 단, 통풍, 신장염, 신장 결석이

있다면 주의하는 게 좋습니다.

딸기

설탕을 뿌리면 설탕을 대사시키는 데 딸기에 함유된 비타민B_1이 쓰이므로 설탕을 뿌리지 않고 먹는 게 좋습니다. 물에 30초 이상 담그면 비타민C가 물에 녹아 나오므로 소금물이나 식초물에 빠르게 씻어 사용합니다.

오이

오이는 다른 채소와 먹을 때 비타민C를 파괴하는 아스코르비나아제라는 효소가 함유되어 있는데, 주스를 만들 때 식초를 조금 넣으면 아스코르비나아제로부터 비타민C의 파괴를 막을 수 있습니다. 또한 오이를 씻을 때 굵은소금으로 겉면을 문질러 씻고 물에 헹구면 쓴맛이 없어집니다.

양배추

궤양을 치료하는 효능이 있는 비타민U는 열에 약하므로 궤양이 있는 사람들은 양배추를 익히지 않고 그대로 먹는 게 좋습니다. 양배추 특유의 향은 유기질 유황으로 인한 것인데, 얼렸다가 사용하거나 식초나 사과즙을 짜 넣으면 향을 줄일 수 있습니다.

복숭아   장어를 먹고 나서 복숭아를 먹으면 설사를 하기 쉽고, 자라와 함께 먹으면 심장통을 유발합니다. 또한 풋복숭아를 너무 많이 먹으면 복부 팽만, 종기가 생길 수 있습니다.

치아시드   반드시 치아시드 양의 10배 정도 되는 물에 10분 정도 불렸다가 사용하는 게 좋습니다. 하루 15g 이상 섭취하면 위장 장애, 복통, 가스 참 등의 증상을 일으킬 수 있으니 주의합니다.

감   바나나와 함께 섭취하면 철분의 흡수를 방해해 좋지 않습니다. 게와 함께 먹으면 소화 불량, 구토, 설사를 일으킬 수 있고, 과잉 섭취하면 변비를 유발할 수 있습니다. 특히 술을 마신 직후에 홍시를 먹으면 배가 아플 수 있습니다.

대추   대추는 쪼개서 먹는 것이 효능적인 면에서 좋습니다. 체기가 있을 때는 대추를 먹지 않는 게 좋으며, 생선과 함께 먹으면 복통을 일으킬 수 있습니다.

매실   위산이 많은 사람은 매실을 먹지 않는 게 좋습니다. 특히 고열이 날 때는 되도록 피합니다. 많이 먹

으면 뼈나 치아가 손상될 수 있습니다.

브라질너트 과잉 섭취 시 셀레늄 중독 증상인 설사, 구토, 탈모를 일으킬 수 있으니 하루 3~4개만 섭취합니다.

자몽 자몽의 일부 석탄산 화합물은 몇 가지 약물 대사를 방해할 수 있습니다. 혈압 약 같은 치료 약을 복용 중이라면 주의 사항을 잘 읽어보거나 주치의의 복약 지도에 따르도록 합니다.

도구 고르기

믹서 칼날이 빠르게 회전하면서 재료를 분쇄해 주스를 만드는 가장 대중적인 도구입니다. 재료를 분쇄하는 과정에서 마찰열이 발생해 영양소가 파괴되거나 혹은 공기와 재료가 만나면서 산화 현상이나 거품이 발생할 수 있는데, 요즘에는 이를 보완하는 진공 블렌더나 3마력 이상의 초고속 블렌더도 있답니다. 믹서는 다른 도구에 비해 식이 섬유를 모두 섭취하게 한다는 장점이 있습니다.

원액기   원액기는 저속으로 천천히 재료를 눌러 짜서 주스를 만드는 도구로 착즙기라고도 합니다. 마찰열 발생을 최대한 줄여 영양소 파괴를 최소화하고 찌꺼기를 걸러내 목 넘김과 식감이 좋다는 장점이 있습니다. 그러나 일부 식이 섬유는 섭취할 수 없다는 단점이 있습니다.

스퀴저   주로 자몽, 오렌지, 레몬과 같이 시트러스 계열의 재료를 착즙하기 위해 사용하는 도구입니다. 손으로 직접 짜는 방식과 기계의 힘을 이용하는 방식이 있는데 간편하게 즙만 짜내기에 유용합니다.

목양·목음

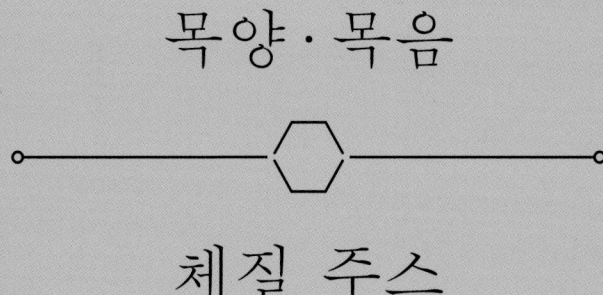

체질 주스

01   파프리카배자몽주스
02   토마토아스파라거스주스
03   비트사과당근주스
04   연근브라질너트아몬드밀크스무디
05   아보카도망고브라질너트스무디
06   파프리카방울토마토수박주스
07   사과자몽레몬주스
08   오렌지파프리카아스파라거스주스
09   수박비트자몽주스
10   배무꿀주스

호흡기가
약한

목양
체질을
위한

주스

Juice 01 | 파프리카 배자몽주스

새콤달콤한 맛을 가진 루비색의 주스로 감기 예방과 피부 미용에 좋습니다. 특히 부종을 줄여주고 체내 콜레스테롤 수치를 낮추는 효과가 있으며 다이어트에도 좋습니다.

준비하기

1 파프리카 1/2~1개를 깨끗이 씻어 꼭지와 씨를 제거한다.
2 배 1/4~1/2개와 자몽 1/2개의 껍질을 벗긴다.

만들기

모든 재료를 믹서에 넣고 간다.

체질 체크

	★★★★★	★★★★	★★★	★★	★	?
파프리카			모든 체질			
배	목양, 목음	토양, 수음	토음, 수양	금양, 금음		
자몽		목양, 수양, 수음	목음, 금음	금양	토양, 토음	

한의사의 꿀정보

파프리카는 비타민C가 많아 감기 예방, 피부 미용, 스트레스 해소에 도움이 되고, 칼슘과 인이 풍부해 성인의 골다공증, 아이의 성장에 좋습니다. 배는 수분과 식이 섬유가 풍부해 다이어트와 변비 예방에 좋고, 배에 함유된 루테올린이라는 항산화 물질은 호흡기 질환을 예방해줍니다. 소화를 돕고 이뇨 작용이 뛰어나 부종이 있는 사람들에게 배를 추천합니다. 자몽은 라이코펜, 비타민C가 풍부해 면역력을 높여줍니다. 특히 자몽에 들어 있는 펙틴은 체내 콜레스테롤을 낮춰주는 것으로 알려져 있습니다.

Juice 02

토마토 아스파라거스주스

과음한 다음 날 숙취 해소용 주스입니다. 콩나물국이나 북엇국에 비해 짧은 시간 내 간단하게 뚝딱 만들 수 있어서 좋답니다.

준비하기

1. 작은 토마토 2개를 깨끗이 씻는다.
2. 아스파라거스 3대를 살짝 데친다.
3. 올리브오일 1작은술, 소금 1꼬집, 물 적당량을 준비한다.

만들기

1. 토마토, 아스파라거스, 소금, 물을 믹서에 넣고 간다.
2. 1을 컵에 담고 올리브오일을 넣어 섞는다.

체질 체크

	★★★★★	★★★★	★★★	★★	★	?
토마토		목양, 수양, 수음	금양, 금음, 목음	토양, 토음		
아스파라거스						
올리브오일		토양, 토음	목양, 목음, 금양, 금음, 수양, 수음			

한의사의 꿀정보

아스파라거스는 숙취에 좋은 아스파라긴산이 콩나물보다 훨씬 많이 들어 있습니다. 토마토는 수분이 많아 알코올을 분해하면서 부족해지는 체내 수분을 보충해주고, 라이코펜이라는 성분이 알코올을 분해할 때 생기는 독성 물질을 배출시켜줍니다. 소금과 올리브오일은 담즙 분비를 촉진시켜 간 해독에 도움이 됩니다. 이 주스는 음주 후가 아니더라도 몸속 독소를 배출시키고 싶을 때 마시면 좋습니다.

Juice 03 | 비트사과 당근주스

영롱한 붉은빛이 와인을 연상시키는 주스입니다. 매력적인 색과 더불어 달콤쌉싸름한 맛이 다이어터에게 힘을 준답니다.

준비하기

1. 비트 1/4개(익혀도 좋다)와 사과 1/4개를 준비한다.
2. 당근 1/2개를 깨끗이 씻는다(단맛을 원하면 익힌다).

만들기

모든 재료를 믹서에 넣고 간다.

체질 체크

	★★★★★	★★★★	★★★	★★	★	?
비트		목양, 목음, 수음	토양, 수양	토음	금양, 금음	
사과	수양, 수음	목양, 목음		금음	토양, 토음, 금양	
당근	목양, 목음	토양, 수음	토음, 수양	금양, 금음		

한의사의 꿀정보

비트는 열량이 적어 다이어트에 좋으며 비타민A·C, 엽산, 철분이 많아 빈혈에 좋습니다. 또한 사과에 들어 있는 칼륨과 유기산은 피로 회복과 혈압 조절에 도움이 됩니다. 당근의 비타민A는 피부를 부드럽게 해주고, 비타민E는 혈중 콜레스테롤을 조절하고 항산화 작용을 해서 이 주스는 다이어트하면서 컨디션 조절이 필요할 때 특히 좋습니다.

Juice 04 | 연근브라질너트 아몬드밀크스무디

고소한 맛이 일품인 식사 대용 스무디입니다. 피로 회복이나 숙취 해소에 좋아서 피로감이 가득한 아침에 마시기 좋습니다.

준비하기

1. 연근 1/2개를 깨끗이 씻는다.
2. 브라질너트 3~4개와 아몬드밀크 1컵을 준비한다.

만들기

모든 재료를 믹서에 넣고 간다.

체질 체크

	★★★★★	★★★★	★★★	★★	★	?
연근	목양, 목음	토양, 수음	토음, 수양	금양, 금음		
브라질너트		목양, 목음, 토양, 토음, 수양, 수음			금양, 금음	
아몬드밀크		목양, 목음, 토양, 토음, 수양, 수음			금양, 금음	

한의사의 꿀정보

연근은 콩나물에 들어 있는 아스파라긴산이 풍부해 숙취 해소나 피로 회복에 좋습니다. 특히 연근의 뮤신이라는 물질은 위벽을 보호하고 소화력을 증진시켜줍니다. 아몬드와 브라질너트는 불포화 지방산이 풍부해 다이어트에 좋고, 비타민E 흡수율을 높여 강력한 항산화 작용 및 노화 방지 효과가 있습니다. 단, 브라질너트는 과잉 섭취하면 셀레늄 중독 증상인 설사, 구토, 탈모를 일으킬 수 있으니 하루에 3~4개만 먹도록 합니다.

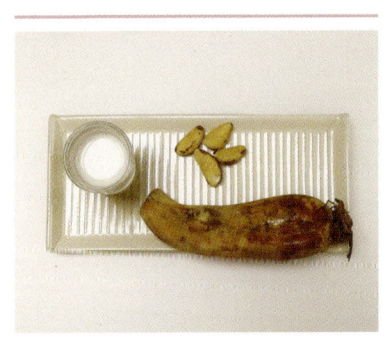

Juice 05 | 아보카도망고 브라질너트스무디

에너지를 보충하기 좋은 스무디입니다. 특히 열량이 높은 재료로 구성되어 활동량이 많은 낮 시간 식사 대용으로 마시면 생기가 돌게 해주고, 달고 고소한 맛을 좋아하는 사람들이 쉽게 시도하기 좋습니다.

준비하기

1. 아보카도 1/2개와 망고 1/2개의 껍질과 씨를 제거한다.
2. 브라질너트 3~4개를 준비한다.

만들기

모든 재료를 믹서에 넣고 간다.

체질 체크

	★★★★★	★★★★	★★★	★★	★	?
아보카도		목양, 목음, 토양, 토음	금양, 금음, 수양, 수음			
망고		목양, 수양, 수음	목음, 금음	금양	토양, 토음	
브라질너트		목양, 목음, 토양, 토음, 수양, 수음			금양, 금음	

한의사의 꿀정보

망고는 당분과 비타민이 많아 피로 회복 및 피부 미용에 좋습니다. 아보카도는 비타민과 무기질이 풍부하며 특히 불포화 지방산이 많습니다. 브라질너트는 항산화 작용을 하며 비타민E 흡수율을 높여 노화 방지에 효과가 있습니다. 그러나 과잉 섭취 시 셀레늄 중독 증상인 설사, 구토, 탈모를 일으킬 수 있으니 하루 3~4개만 먹습니다.

Juice 06

파프리카 방울토마토수박주스

예쁜 색과 달달한 맛 덕분에 어른, 아이 할 것 없이 쉽게 즐길 수 있는 주스입니다. 지치고 면역력이 떨어지기 쉬운 환절기나 한여름에 마시기 좋습니다.

준비하기

1. 파프리카 1/2~1개를 깨끗이 씻고 꼭지와 씨를 제거한다.
2. 방울토마토 1줌을 깨끗이 씻고 꼭지를 제거한다.
3. 수박 과육 1컵을 준비한다.

만들기

모든 재료를 믹서에 넣고 간다.

체질 체크

	★★★★★	★★★★	★★★	★★	★	?
파프리카			모든 체질			
방울토마토		목양, 수양, 수음	금양, 금음, 목음	토양, 토음		
수박		목양, 목음, 토양, 토음	수양, 수음, 금양, 금음			

한의사의 꿀정보

파프리카는 비타민C가 많아 감기 예방, 피부 미용, 스트레스 해소에 도움이 되고, 칼슘과 인이 풍부해 성인의 골다공증, 아이의 성장에 좋습니다. 방울토마토 역시 비타민C·K, 항산화작용을 하는 카로티노이드·라이코펜을 다량 함유하고 있어 면역력 증강에 좋습니다. 수박씨에는 무기질과 칼슘 등이 들어 있으므로 씨를 제거하지 않고 같이 갈아 마셔도 좋습니다. 수박은 90% 이상이 수분으로 구성되어 있고, 과당, 포도당, 비타민A·C가 풍부해 피로감 해소에 좋습니다. 수박에 들어 있는 시트룰린은 체내 이뇨 작용을 촉진시켜 부종을 줄여주는 효과가 있습니다.

Juice 07 | 사과자몽 레몬주스

새콤달콤한 맛이 식욕 부진 및 저하를 개선하고 피로 회복을 도와주는 주스입니다.

준비하기

1. 사과 1/2개를 준비한다.
2. 자몽 1/2개의 껍질을 벗긴다.
3. 레몬 1개의 즙을 짠다(또는 레몬즙 1큰술).

만들기

모든 재료를 믹서에 넣고 간다.

체질 체크

	★★★★★	★★★★	★★★	★★	★	?
사과	수양, 수음	목양, 목음		금음	토양, 토음, 금양	
자몽		목양, 수양, 수음	목음, 금음	금양	토양, 토음	
레몬		목양, 수양, 수음	목음, 금음	금양	토양, 토음	

한의사의 꿀정보

사과는 위액 분비를 촉진시켜 소화를 도와주고, 사과 껍질에 많은 펙틴이 장 운동을 자극해 배변이 용이하도록 만들어주면서도 설사가 있을 때는 설사를 멈추게 하기도 합니다. 또한 사과의 유기산, 자몽과 레몬에 풍부한 비타민C는 몸 안에 쌓인 피로 물질을 제거해줍니다.

Juice 08 | 오렌지파프리카 아스파라거스주스

피부색이 칙칙하고 피로감이 많은 사람들에게 좋은 해독 주스입니다.

준비하기

1. 오렌지 1/2개의 껍질을 벗긴다.
2. 파프리카 1/2개(또는 미니파프리카 2~3개)를 깨끗이 씻고 꼭지와 씨를 제거한다.
3. 아스파라거스 2~3대와 브라질너트 2~3개를 준비한다.

만들기

모든 재료를 믹서에 넣고 간다.

체질 체크

	★★★★★	★★★★	★★★	★★	★	?
오렌지		목양, 수양 수음	목음, 금음	금양	토양, 토음	
파프리카			모든 체질			
아스파라거스						
브라질너트		목양, 목음, 토양, 토음, 수양, 수음			금양, 금음	

한의사의 꿀정보

비타민C가 풍부한 오렌지와 파프리카, 단백질 합성을 도와주고 혈압을 낮춰주는 아스파라거스, 항산화 작용이 뛰어난 브라질너트로 구성된 주스입니다. 기미, 주근깨, 칙칙한 안색 등으로 고민하거나, 해독이 필요하거나, 만성 피로로 혈압이 높은 사람들에게 도움이 됩니다. 단, 브라질너트는 하루 3~4개만 섭취하는 게 좋습니다.

Juice 09 | 수박비트 자몽주스

어지럼증과 빈혈을 예방해주며, 땀 분비가 많은 여름에 수분을 보충하고 면역력을 높여주는 데 좋은 주스입니다.

준비하기

1. 수박 1/8통을 준비한다.
2. 작은 비트 3~4개(큰 비트 1개)의 껍질을 벗기고 익힌다.
3. 자몽 1/2개의 껍질을 벗긴다.

만들기

모든 재료를 믹서에 넣고 간다.

체질 체크

	★★★★★	★★★★	★★★	★★	★	?
수박		목양, 목음, 토양, 토음	수양, 수음, 금양, 금음			
비트		목양, 목음, 수음	토양, 수양	토음	금양, 금음	
자몽		목양, 수양, 수음	목음, 금음	금양	토양, 토음	

한의사의 꿀정보

수박은 95%가 수분으로 이루어져 여름철 갈증 해소에 아주 탁월한 과일입니다. 또한 수박의 시트룰린은 이뇨 작용을 도와 더위를 식히는 데 좋답니다. 수박씨에는 무기질, 칼슘 등이 들어 있어 씨를 제거하지 않고 같이 갈아 마셔도 좋습니다. 단, 수박만으로 주스를 만들 경우 혈당을 빠르게 올릴 염려가 있으니 주의합니다. 비트는 열량이 적어 다이어트에 좋으며, 비타민A·C, 엽산, 철분이 많아 빈혈에 좋습니다. 자몽은 라이코펜과 비타민C가 풍부해 면역력을 높이는 데 도움이 됩니다. 특히 자몽의 펙틴은 체내 콜레스테롤을 낮춰주는 것으로 알려져 있습니다.

Juice 10

배무 꿀주스

달달하고 시원한 맛 덕분에 아이들도 잘 마실 수 있으며, 환절기 감기 예방과 피로 회복에 특히 좋은 주스입니다.

준비하기

1. 배 1/4~1/2개와 무 1/4~1/6개의 껍질을 벗긴다.
2. 꿀 1~2큰술을 준비한다.

만들기

1. 무와 배를 믹서에 넣고 간다.
2. 1을 컵에 담고 꿀을 섞는다.

체질 체크

	★★★★★	★★★★	★★★	★★	★	?
배	목양, 목음	토양, 수음	토음, 수양	금양, 금음		
무	목양, 목음	토양, 수음	토음, 수양	금양, 금음		
꿀		목양, 수양, 수음		목음, 금음	토양, 토음, 금양	

한의사의 꿀정보

배는 수분과 식이 섬유가 풍부해 변비 예방과 다이어트에 좋고, 이뇨 작용이 뛰어나 부종이 있는 사람들에게 좋습니다. 무즙의 디아스타아제라는 효소는 소화를 촉진시킵니다. 또한 무에 풍부한 비타민C와 루테올린이라는 항산화 물질은 호흡기 질환 예방에도 효과가 좋고, 기침이나 가래에 대한 민간 요법으로도 많이 활용됩니다. 무에는 해독, 담석 형성 억제 효능도 있습니다. 꿀은 알레르기성 천식이나 인후통을 완화하고, 비타민B_6가 풍부해 피부 미용에 좋습니다. 꿀의 주성분인 포도당과 과당은 피로 회복에 도움이 됩니다.

01 배콩나물주스

02 도라지잣밀크셰이크

03 오디두부치아시드주스

04 단호박연근양파주스

05 멜론아보카도스무디

06 무콜리플라워배주스

07 두부적양배추비트주스

08 콜리플라워고구마당근셰이크

09 오디적양배추아몬드셰이크

10 두부당근호두셰이크

대장이
약한

목음
체질을
위한

주스

Juice 01 | 배콩나물 주스

평소 부종이 잘 생기고 체중 감량을 원하는 사람들에게 추천하는 주스입니다.

준비하기

1 배 1/4~1/2개의 껍질을 벗긴다.
2 콩나물 1줌을 깨끗이 씻고 손질한다.

만들기

모든 재료를 믹서에 넣고 간다.

체질 체크

	★★★★★	★★★★	★★★	★★	★	?
배	목양, 목음	토양, 수음	토음, 수양	금양, 금음		
콩나물		목양, 목음, 토양, 수양, 수음	토음		금양, 금음	

한의사의 꿀정보

배는 수분과 식이 섬유가 풍부해 다이어트와 변비 예방에 좋고, 배에 함유된 루테올린이라는 항산화 물질은 호흡기 질환을 예방해줍니다. 또한 소화를 돕고 이뇨 작용이 뛰어나 부종에 좋습니다. 콩나물은 아스파라긴산이 풍부해 숙취 해소에 아주 좋습니다. 뿐만 아니라 비타민C와 식이 섬유가 풍부해 감기 예방, 피부 미용, 다이어트에 도움을 줍니다. 이외에도 칼륨을 다량 함유하고 있어 혈압을 낮춰주고 부종도 줄여줍니다.

Juice 02 | 도라지잣 밀크셰이크

피부를 맑게 해주면서 신진대사를 활발하게 해 다이어트에 도움이 되는 셰이크입니다. 특히 기관지가 약한 사람들에게 좋습니다.

준비하기

1. 도라지 1줌을 깨끗이 씻고 손질한다.
2. 잣 1줌과 우유 1컵을 준비한다.

만들기

1. 도라지와 우유를 믹서에 넣고 간다.
2. 1을 컵에 담고 잣을 올린다.

체질 체크

	★★★★★	★★★★	★★★	★★	★	?
도라지		목양, 목음, 수양, 수음			토양, 토음, 금양, 금음	
잣		목양, 목음, 수양, 수음		토양	토음, 금양, 금음	
우유		목양, 목음 (따뜻하게) / 토양, 토음 (시원하게)	수양, 수음 (따뜻하게)		금양, 금음	

한의사의 꿀정보

도라지는 가래를 없애고 기침을 멎게 해줍니다. 특히 도라지에 들어 있는 사포닌은 염증을 가라앉히고 궤양을 예방해줍니다. 그리고 소장의 지방 흡수를 억제해 비만을 예방하고, 저밀도 지단백(LDL) 콜레스테롤 수치를 떨어뜨려줍니다. 뿐만 아니라 혈압을 낮춰주고 항암, 항산화, 진통 효과까지 가지고 있습니다. 우유는 칼슘이 풍부해 골다공증을 예방해주고, 비타민B_2가 풍부해 에너지 대사를 촉진시킵니다. 우유 속에 들어 있는 카세인과 알부민은 피부를 윤기 나고 탄력 있게 만들어줍니다. 잣의 비타민B_2·E 역시 피부 신진대사를 활발하게 해주고 노화 방지 효과가 있어 피부 건강에 좋답니다.

Juice 03 | 오디두부 치아시드주스

포만감이 크면서 변비도 해결해줄 수 있는 다이어트 주스입니다.

준비하기

1. 오디 1줌을 깨끗이 씻는다.
2. 두부 1/4모를 준비한다.
3. 치아시드 1큰술을 치아시드 분량의 10배 정도 물에 10분간 불린다.

만들기

1. 오디와 두부를 믹서에 넣고 간다.
2. 1을 컵에 담고 치아시드를 섞는다.

체질 체크

	★★★★★	★★★★	★★★	★★	★	?
오디		토양, 토음	목양, 목음, 수양, 수음	금양, 금음		
두부		모든 체질				
치아시드						

한의사의 꿀정보

두부는 식물성 단백질과 지방이 풍부한 식품으로 먹으면 속이 든든하고 소화가 잘 되어 포만감이 큰 주스를 만들고 싶을 때 넣으면 좋습니다. 치아시드는 포만감을 주고 식이 섬유가 풍부해 다이어트 식품 재료로 자주 활용됩니다. 특히 칼슘을 다량 함유해 골다공증 예방에 좋고, 각종 무기질, 단백질, 오메가3가 풍부해 슈퍼 푸드로 불립니다. 오디는 예로부터 정력을 강화하는 데 활용되었는데 안토시아닌과 비타민E가 풍부해 항산화 효과가 뛰어납니다. 부종 제거, 변비 해소 효능도 있습니다.

Juice 04 | 단호박연근 양파주스

항산화 작용이 뛰어나 노화 예방과 간 기능 증진에 아주 좋은 해독 주스입니다.

준비하기

1. 단호박을 익히고 껍질과 씨를 제거한다.
2. 연근 1/2개를 깨끗이 씻고 껍질째 준비한다.
3. 양파 1/2개의 껍질을 벗기고 적당하게 썬 다음 물에 10분 이상 담가 매운 기를 뺀다.
4. 당근 1/2개를 깨끗이 씻는다(익혀도 좋다).

만들기

모든 재료를 믹서에 넣고 간다.

체질 체크

	★★★★★	★★★★	★★★	★★	★	?
단호박						
연근	목양, 목음	토양, 수음	토음, 수양	금양, 금음		
양파		목양, 수양, 수음	금음, 목음	금양	토양, 토음	
당근	목양, 목음	토양, 수음	토음, 수양	금양, 금음		

한의사의 꿀정보

단호박과 당근은 비타민A와 베타카로틴이 풍부해 노화와 암을 예방해줍니다. 또한 눈 건강 증진, 여드름 등의 피부염 예방, 발육 촉진의 효과가 있어 성장기 아이들에게 좋습니다. 양파에 들어 있는 케르세틴은 혈관을 강화하고 혈압을 낮추는 효능이 있는 것으로 알려져 있습니다. 또한 양파에 풍부한 글루타티온은 간 해독 효소의 생성을 도움으로써 피로 회복과 숙취 해소에 좋습니다. 마찬가지로 연근에 풍부한 아스파라긴산은 숙취 해소와 피로 회복에 좋습니다. 연근에 들어 있는 뮤신은 위벽을 보호하고 소화력을 증진시켜줍니다.

Juice 05

멜론아보카도 스무디

시원한 맛과 깔끔한 식감으로 한 끼 식사 대용으로 좋은 스무디입니다. 담담한 단맛이 나서 아이들 건강 간식으로도 좋습니다.

준비하기

아보카도 1~2개와 멜론 1/4개의 껍질과 씨를 제거한다.

만들기

모든 재료를 믹서에 넣고 간다.

체질 체크

	★★★★★	★★★★	★★★	★★	★	?
멜론		목양, 목음, 토양, 토음	금양, 금음, 수양, 수음			
아보카도		목양, 목음, 토양, 토음	금양, 금음, 수양, 수음			

한의사의 꿀정보

멜론은 비타민C와 항산화 작용을 하는 베타카로틴이 많아 감기를 예방하고 면역력을 높이는 데 좋습니다. 또한 단백질 소화 효소가 들어 있어 소화 장애가 있을 때 먹으면 좋습니다. 아보카도는 비타민과 무기질이 풍부하며 특히 몸에 좋은 불포화 지방산이 많아 성장이나 발달을 촉진시키는 호르몬 생성에 도움을 주고 면역력이 약한 아이들 성장에 좋습니다.

Juice 06 | 무콜리플라워 배주스

기침이나 가래, 인후염이나 후두염 등이 자주 생기는 사람들의 목을 시원하게 만들어 주는 주스입니다. 말을 많이 하거나 목이 자주 갑갑한 사람들에게 특히 추천합니다.

준비하기

1 무 1/4~1/6개와 배 1/4~1/2개의 껍질을 벗긴다.
2 콜리플라워 1줌을 깨끗이 씻고 데친다.

만들기

모든 재료를 믹서에 넣고 간다.

체질 체크

	★★★★★	★★★★	★★★	★★	★	?
무	목양, 목음	토양, 수음	토음, 수양	금양, 금음		
콜리플라워						
배	목양, 목음	토양, 수음	토음, 수양	금양, 금음		

한의사의 꿀정보

무는 해독, 담석 형성 억제 효능이 있습니다. 특히 무즙의 디아스타아제라는 효소는 소화 촉진 작용을 합니다. 무는 비타민C가 풍부하고 호흡기 질환에 좋아 기침이나 가래에 대한 민간 요법으로도 많이 활용됩니다. 콜리플라워 역시 비타민C가 풍부해 면역력을 증진시키고 피로감을 줄이는 데 도움이 됩니다. 특히 수분과 식이 섬유가 풍부해 다이어트와 변비 예방에 좋고 항암 효과가 뛰어나 슈퍼 푸드로 불립니다. 배는 콜리플라워처럼 수분과 식이 섬유가 풍부하고, 루테올린이라는 항산화 물질 덕분에 호흡기 질환 예방에 효과가 있습니다. 뿐만 아니라 소화를 돕고 이뇨 작용이 뛰어나 부종이 있는 사람들에게 좋습니다. 이 주스는 호흡기 질환 예방 효과가 탁월해 미세 먼지가 많은 날에 마시면 좋습니다.

Juice 07 | 두부적양배추 비트주스

속을 든든하게 해주는 담백한 맛의 주스로 위장 건강과 두뇌 회전에 좋습니다.

준비하기

1. 두부 1/4모와 호두 1줌을 준비한다.
2. 적양배추 1/4통을 깨끗이 씻는다.
3. 비트 1/4개(작은 비트 1~2개)를 깨끗이 씻는다 (살짝 익혀도 좋다).

만들기

모든 재료를 믹서에 넣고 간다.

체질 체크

	★★★★★	★★★★	★★★	★★	★	?
두부		모든 체질				
적양배추						
비트		목양, 목음, 수음	토양, 수양	토음	금양, 금음	
호두		목양, 목음, 수양, 수음		토양	토음, 금양, 금음	

한의사의 꿀정보

두부는 식물성 단백질과 지방이 풍부한 식품으로 먹으면 속이 든든하고 소화가 잘 되어 포만감이 드는 주스를 마시고 싶을 때 넣으면 좋습니다. 적양배추는 위궤양 예방 효과가 있고, 비트에 들어 있는 베타인은 염증을 완화시켜줍니다. 호두에는 몸에 좋은 지방산과 비타민E가 들어 있어 항산화 작용, 뇌혈관 보호, 뇌세포 활성화에 좋습니다. 이 주스는 두뇌 활동이 많고 신경성 위염이나 위궤양을 자주 앓는 사람들에게 좋습니다.

Juice 08 | 콜리플라워고구마 당근셰이크

배에 가스가 잘 차고 변비가 있는 사람들에게 좋습니다. 일명 '똥배'를 줄이는 데 도움이 되는 다이어트 주스입니다.

준비하기

1. 콜리플라워 1줌을 깨끗이 씻고 데친다
2. 고구마 1개와 당근 1개를 깨끗이 씻는다(당근을 익혀도 좋다).
3. 아몬드밀크 1컵을 준비한다.

만들기

모든 재료를 믹서에 넣고 간다.

체질 체크

	★★★★★	★★★★	★★★	★★	★	?
콜리플라워						
고구마	목양	목음, 수양, 수음	토양, 금양, 금음	토음		
당근	목양, 목음	토양, 수음	토음, 수양	금양, 금음		
아몬드밀크		목양, 목음, 토양, 토음, 수양, 수음			금양, 금음	

한의사의 꿀정보

콜리플라워는 비타민C가 풍부해 면역력을 증진시키고 피로감을 줄이는 데 도움이 됩니다. 특히 수분과 식이 섬유가 많아 다이어트와 변비 예방에 좋고, 항암 효과가 뛰어나 슈퍼 푸드로 불립니다. 고구마 역시 슈퍼 푸드로 불리는데, 고구마와 당근은 베타카로틴이 풍부해 항산화 작용이 뛰어나고 성인병 예방에 도움이 됩니다. 특히 고구마는 장 내 좋은 균의 번식을 촉진시키고 장 운동을 활발하게 해 숙변 제거나 변비 예방에 좋습니다. 아몬드는 불포화 지방산이 풍부해 다이어트에 좋고, 비타민E 흡수율을 높여 강력한 항산화 작용과 노화 방지 효과를 줍니다.

Juice 09

오디적양배추 아몬드셰이크

정력 강화, 항노화 효과가 뛰어난 셰이크입니다. 특히 부종을 빼는 데 탁월한 다이어트 셰이크랍니다.

준비하기

1. 오디 1줌과 적양배추 1/4통을 깨끗이 씻는다.
2. 아몬드밀크 1컵을 준비한다.

만들기

모든 재료를 믹서에 넣고 간다.

체질 체크

	★★★★★	★★★★	★★★	★★	★	?
오디		토양, 토음	목양, 목음, 수양, 수음	금양, 금음		
적양배추						
아몬드밀크		목양, 목음, 토양, 토음, 수양, 수음			금양, 금음	

한의사의 꿀정보

오디는 예로부터 정력을 강화하는 데 활용되었는데, 안토시아닌과 비타민E가 풍부해 항산화 효과가 뛰어납니다. 어지럼증, 부종, 변비가 있을 때 먹으면 좋답니다. 적양배추는 변비와 위궤양을 예방해주고, 셀레늄이 풍부해 노화를 방지하고 간 기능 회복을 도와줍니다. 아몬드는 불포화 지방산이 풍부해 다이어트에 좋고, 비타민E 흡수율을 높여 강력한 항산화 작용 및 노화 방지 효과가 있습니다. 아몬드밀크는 락토스가 없어 유당 불내증이 있는 사람들도 부담 없이 마실 수 있습니다. 단, 설사를 자주 할 때는 오디와 적양배추를 피하는 게 좋습니다.

Juice 10 | 두부당근 호두셰이크

불규칙한 식생활로 위장과 장이 지쳐 늘 입 냄새가 나고 복부에 가스가 차며 다이어트도 필요했던 환자에게 직접 만들어줬던 셰이크 레시피입니다.

준비하기

1. 당근 1개를 깨끗이 씻는다(익혀도 좋다).
2. 두부 1/4모, 호두 1줌, 아몬드밀크 1컵을 준비한다.

만들기

모든 재료를 믹서에 넣고 간다.

체질 체크

	★★★★★	★★★★	★★★	★★	★	?
두부		모든 체질				
당근	목양, 목음	토양, 수음	토음, 수양	금양, 금음		
호두		목양, 목음, 수양, 수음		토양	토음, 금양, 금음	
아몬드밀크		목양, 목음, 토양, 토음, 수양, 수음			금양, 금음	

한의사의 꿀정보

당근의 베타카로틴은 몸속에서 비타민A로 바뀌어 눈을 보호하는 효과가 있습니다. 뿐만 아니라 칼륨이 풍부해 혈압 조절에 좋습니다. 호두와 아몬드는 불포화 지방산이 풍부해 다이어트와 두뇌 건강에 좋습니다. 두부가 들어가면 속이 든든해지는 효과도 있답니다. 이 셰이크는 다이어트를 해야 하는데 두뇌 활동이 많고 끼니를 챙겨 먹기 힘든 학생이나 직장인에게 딱입니다.

+ 플러스 꿀팁

○
목양·목음
체질 다이어트

| 식 단 |

간과 담낭이 발달한 목양·목음 체질은 살이 찌기 쉽습니다. 특히 내장 지방이 증가하거나 복부 사이즈가 늘면서 몸통 부위가 찌는 경향이 있습니다. 황제 다이어트(고기 위주로 먹는 다이어트로 구석기 다이어트라고도 합니다)나 저탄수화물 고지방 다이어트(일명 저탄고지 다이어트)는 소고기, 돼지고기, 닭고기와 같은 육류가 잘 맞는 목양·목음 체질 다이어트라고도 할 수 있답니다. 동물성 단백질과 지방 섭취율을 늘리고, 비트나 당근 같은 뿌리채소 위주로 섭취하고, 곡물류의 섭취를 줄이면 아주 효과적이면서도 쉽게 살을 뺄 수 있습니다.

단, 평소에 지방질 섭취가 많지 않았다면 갑자기 지방질 섭취량을 늘렸을 때 소화 불량이 생기거나 가스가 차거나 무른 변이 나오는 증상이 생길 수 있으므로 양을 서서히 늘리는 게 좋습니다. 그리고 육류가 주인 고지방 고단백 식단을 먹을 때 밥이나 면, 빵이 아닌 뿌리채소(약간의 줄기채소도 허용됩니다) 위주로 탄수화물을 섭취하면 지방 대사를 효과적으로 유도할 수 있습니다. 덧붙여 설명하면, 평소에 고기를 먹을 때 살이 찌는 것처럼 느껴지는 이유는 고기와 밥을 같이 먹거나 후식으로 먹는 냉면 그리고 술 때문이랍니다.

아침마다 식사 대신 방탄 커피^{bulletproof coffee}를 마시는 것도 목양·목음 체질에 좋은 다이어트 방법입니다. 방탄 커피는 미국의 데이브 아스프리^{Dave Asprey}가 티베트인들이 마시는 야크 버터 차를 변형시켜 개발한 것인데, 커피에 목초를 먹여 키운 소의 젖으로 만든 버터와 코코넛오일이나 중간사슬지방산^{MCT; medium-chain triglycerides}오일을 넣은 것입니다. 만들기 간편할 뿐 아니라, 아침 공복에 방탄 커피를 마시면 하루 동안의 지방 대사를 활성화시키는 것으로 알려져 있어 아침을 따로 챙겨 먹지 않거나 커피 한 잔으로 아침 식사를 대신하는 사람들이 활용하기 쉬운 다이어트 식단이 될 수 있습니다.

특히 아침을 먹지 않던 사람이 갑자기 다이어트 식단이라며 아침을 챙겨 먹으려 하면 소화에 부담을 느끼는 경우가 많은데, 방탄 커피는 무겁지 않으면서도 일반적인 커피를 마시는 것보다 훨씬 더 에너지가 생기는 게 느껴진답니다. 반대로 아침을 항상 먹던 사람이 방탄 커피로 식사를 대체하는 경우에는 아침 식사를 든든하게 할 때보다 허기를 일찍 느낄 수 있는데, 그럴 때는 방탄 커피에 날달걀을 넣거나 삶은 달걀이나 구운 달걀을 함께 먹으면 포만감이 오래 지속되면서 방탄 커피의 장점을 고스란히 얻을 수 있습니다.

　　　방탄 커피를 만들 때 주의해야 할 점은 방탄 커피에 넣는 버터는 유지방 함량이 99% 이상이어야 한다는 것입니다. 그리고 인스턴트 커피가 아니라 에스프레소 머신에서 추출한 커피일수록 효과가 좋습니다. 처음 방탄 커피를 마실 때는 설사를 하거나 배가 부글거리는 현상으로 고생할 수 있습니다. 그러므로 평소 장 상태가 썩 좋지 않았다면 먼저 커피에 버터만 넣어서 먹어볼 것을 권합니다. 대장이 약한 목양·목음 체질은 설사를 하면 몸에 힘이 빠지는 느낌이 들거나 건강에 좋지 않으므로, 코코넛오일을 넣어 먹었을 때 설사를 하거나 하복부가 불편하면 버터만 넣은 커피를 마시도록 합니다.

운 동 & 목 욕

폐가 약한 목양·목음 체질에 권하는 운동은 등산입니다. 나무에서 뿜어져 나오는 피톤치드가 약한 폐 기능을 강화시켜줄 수 있고, 스트레스를 완화시켜주기도 합니다. 등산이 아니더라도 조깅, 테니스, 축구 같은 격렬하고 땀을 흘릴 수 있는 운동이 목 체질의 다이어트에 좋습니다. 단, 땀 흘리며 운동한 후 아무리 덥더라도 냉수욕은 피합니다.

　　　운동을 할 만큼 체력이 형성되지 않았거나 고도 비만일 경우 또는 운동을 하면 쉽게 몸이 붓는 경우에는 반신욕이나 사우나를 자주 할 것을 추천합니다. 특히 운동과 별개로 몸이 잘 붓는 목양 체질의 경우 매일 반신욕을 하면 혈액 순환이 원활해지고 부종이 줄어들며 머리가 맑아지는 효과가 있습니다. 이때도 온수욕 후 냉수욕을 하거나 온탕과 냉탕에 번갈아 들어가는 냉온욕은 해로우니 삼가도록 합니다.

토양·토음

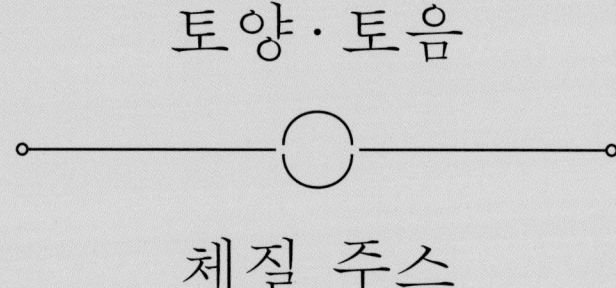

체질 주스

- *01* 바나나브로콜리요거트셰이크
- *02* 양배추파인애플알로에주스
- *03* 바나나양배추오트밀셰이크
- *04* 청경채키위셀러리주스
- *05* 아보카도블루베리스무디
- *06* 블루베리양배추요거트셰이크
- *07* 비타민채키위주스
- *08* 참외셀러리오이주스
- *09* 수박당근주스
- *10* 복분자블루베리양배추셰이크

비뇨·생식기가 약한

토양 체질을 위한

주스

Juice 01 | 바나나브로콜리 요거트셰이크

토양 체질 여성 중에는 변비, 어지럼증이 있는 사람들이 많습니다. 이 셰이크는 맛이나 향이 강하지 않아 빈혈이나 변비로 고생하는 사람들에게 입문용으로 권하고 있습니다.

준비하기

1. 바나나 1개의 껍질을 벗긴다(바나나 과육을 살짝 얼려도 좋다).
2. 브로콜리 1줌을 깨끗이 씻고 데친다.
3. 플레인요거트 1컵과 카카오닙스 1큰술(생략 가능)을 준비한다.

만들기

모든 재료를 믹서에 넣고 간다.

체질 체크

	★★★★★	★★★★	★★★	★★	★	?
바나나		토양, 토음, 금양, 금음	목양, 목음	수양, 수음		
브로콜리						
플레인요거트		목양, 목음, 토양, 토음	수양, 수음		금양, 금음	
카카오닙스				모든 체질		

한의사의 꿀정보

바나나는 칼륨이 많고, 브로콜리는 레몬보다 훨씬 많은 비타민C가 있으며 철분과 식이 섬유가 풍부해 스트레스를 많이 받거나 빈혈, 변비가 있는 여성들에게 좋습니다. 카카오닙스는 섬유질이 많아 변비 해소와 다이어트에 좋습니다. 요거트는 비피더스균이나 불가리스균과 같은 유산균이 많아 장 건강에 좋은데 특히 유산균의 먹이가 되는 식이 섬유와 함께 먹으면 변비 해소 효과가 배가 됩니다.

Juice 02 | 양배추파인애플 알로에주스

자주 속이 더부룩하거나 체하고, 변비가 있는 사람들에게 좋습니다.

준비하기

1. 양배추 1/8통을 깨끗이 씻는다(평소 냉동실에 얼려둬도 좋다).
2. 파인애플 과육 1컵을 준비한다.
3. 알로에잎 착즙 1컵(또는 식용 알로에잎 1/3장)을 준비한다(구입한 알로에의 적정 섭취량 확인).

만들기

모든 재료를 믹서에 넣고 간다.

체질 체크

	★★★★★	★★★★	★★★	★★	★	?
양배추	금양, 금음	토양, 토음, 수양	수음	목양, 목음		
파인애플		토양, 토음, 금양, 금음	목양, 목음	수양, 수음		
알로에		토양, 토음	금양, 목양	금음	목양, 수양, 수음	

한의사의 꿀정보

양배추로 만들어진 위장약이 있을 정도로 양배추는 위장 장애, 특히 위궤양 치유에 효과적입니다. 또한 파인애플에 들어 있는 단백질 분해 효소는 소화가 잘 되게 해줍니다. 알로에는 히포크라테스도 약으로 썼다고 알려진 식물인데, 한방에서는 노회라고 불리며 열을 내릴 때 약재로 쓰입니다. 알로에에 함유되어 있는 알로인과 에모딘은 위벽을 자극해 위액 분비를 촉진시켜 위장 활동을 활발하게 하고, 변비, 피로 회복에 좋습니다. 단, 알로에는 과다 섭취 시 설사, 복통을 일으킬 수 있으니 반드시 구입한 곳에서 제공하는 적정 섭취량을 확인해야 합니다.

Juice 03 | 바나나양배추 오트밀셰이크

영양소와 항산화 성분이 풍부해 아이들 간식이나 어른들 식사 대용으로 활용하기 좋은 셰이크입니다.

준비하기

1. 바나나 1개의 껍질을 벗긴다.
2. 양배추 1/4통을 깨끗이 씻는다.
3. 오트밀 1줌과 아몬드밀크 1컵을 준비한다.

만들기

모든 재료를 믹서에 넣고 간다.

체질 체크

	★★★★★	★★★★	★★★	★★	★	?
바나나		토양, 토음, 금양, 금음	목양, 목음	수양, 수음		
양배추	금양, 금음	토양, 토음, 수양	수음	목양, 목음		
오트밀		목양, 목음, 토양	토음, 수양, 수음	금양, 금음		
아몬드밀크		목양, 목음, 토양, 토음, 수양, 수음			금양, 금음	

한의사의 꿀정보

바나나는 칼륨, 비타민C, 식이 섬유가 풍부해 변비가 잘 생기는 사람들에게 좋습니다. 양배추는 위장 장애, 위궤양, 십이지장 궤양 등의 치료 및 예방 효과가 있습니다. 뿐만 아니라 양배추의 A-리놀렌산은 간 기능 증진에도 도움을 준답니다. 오트밀은 쌀보다 2배나 많은 단백질을 함유하고 있고, 필수 아미노산과 칼슘이 풍부해 성장기 아이들에게 좋습니다. 특히 오트밀의 베타글루칸이라는 탄수화물 성분은 장 노폐물을 배출하고 체내 혈중 콜레스테롤 수치를 떨어뜨리는 것으로 알려져 있습니다. 또 폴리페놀 등의 항산화 성분이 심혈관 질환 예방에 도움을 줍니다. 아몬드는 불포화 지방산이 풍부해 다이어트에 좋고, 비타민E 흡수율을 높여 강력한 항산화 작용을 하며, 노화 방지 효과가 있습니다. 아몬드밀크에는 락토스가 없어서 유당 불내증이 있는 사람들도 마실 수 있습니다.

Juice 04

청경채키위 셀러리주스

보는 것만으로도 시원하고 상큼한 초록 주스로 매일 아침 마시면 몸이 가벼워지는 다이어트 해독 주스입니다.

준비하기

1. 청경채 1~2포기를 깨끗이 씻고 밑동을 제거한다.
2. 키위 1개의 껍질을 벗긴다.
3. 셀러리 1~2대를 깨끗이 씻는다.

만들기

모든 재료를 믹서에 넣고 간다.

체질 체크

	★★★★★	★★★★	★★★	★★	★	?
청경채	금양, 금음	토양, 토음, 수양	수음	목양, 목음		
키위			모든 체질			
셀러리			금양, 금음, 목양, 목음, 토양, 토음, 수양	수음		

한의사의 꿀정보

청경채는 칼슘, 나트륨 같은 무기질과 비타민이 풍부하고 수분이 많습니다. 셀러리는 식이섬유가 많고 이뇨 작용 촉진 효과가 있습니다. 키위는 숙변 제거에 좋습니다. 뼈대가 약하면서 변비, 부종이 잘 생기는 사람들에게 이 주스를 추천합니다.

Juice 05 | 아보카도 블루베리스무디

단맛이 강하지 않으면서 적절하게 포만감이 들어 설탕이나 단 음식을 끊기 힘들어하는 사람들에게 권하는 스무디입니다.

준비하기

1. 아보카도 1/2개의 껍질과 씨를 제거한다.
2. 블루베리 1줌을 깨끗이 씻는다.
3. 카카오닙스 1큰술을 준비한다.

만들기

모든 재료를 믹서에 넣고 간다.

체질 체크

	★★★★★	★★★★	★★★	★★	★	?
아보카도		목양, 목음, 토양, 토음	금양, 금음, 수양, 수음			
블루베리		토양, 토음	금양, 금음, 목양, 목음, 수양, 수음			
카카오닙스			모든 체질			

한의사의 꿀정보

슈퍼 푸드로 불리는 블루베리는 안토시아닌이 풍부해 항산화 능력이 뛰어납니다. 아보카도는 비타민과 무기질을 비롯해 불포화 지방산이 많고, 카카오닙스는 항산화 성분 중 하나인 카테킨이 풍부합니다. 이 스무디는 노화, 특히 피부 노화 방지에 뛰어난 효과가 있습니다.

Juice 06

블루베리 양배추요거트셰이크

자주 체하거나 속이 더부룩하고 아침에 속 쓰림이 있는 사람들에게 좋은 셰이크입니다.

준비하기

1. 블루베리 1줌을 깨끗이 씻는다.
2. 양배추 1/8통을 깨끗이 씻는다(평소 냉동실에 얼려둬도 좋다).
3. 플레인요거트 1컵을 준비한다.

만들기

모든 재료를 믹서에 넣고 간다.

체질 체크

	★★★★★	★★★★	★★★	★★	★	?
블루베리		토양, 토음	금양, 금음, 목양, 목음, 수양, 수음			
양배추	금양, 금음	토양, 토음, 수양	수음	목양, 목음		
플레인요거트		목양, 목음, 토양, 토음	수양, 수음		금양, 금음	

한의사의 꿀정보

양배추로 만들어진 위장약이 있을 정도로 양배추의 위장 장애, 특히 위궤양 치유 효과는 잘 알려져 있습니다. 블루베리는 당뇨병과 당뇨로 인한 눈 질환(망막염, 백내장 등)에 좋습니다. 요거트는 장에 유익한 유산균을 비롯하여 단백질과 비타민, 칼슘, 망간 등이 풍부하여 골다공증 예방에도 도움이 됩니다. 이 셰이크는 혈당 조절 장애, 위염, 위궤양이 있는 사람들이 식사를 거르게 될 때 혹은 아침 식사 대용으로 마시기 좋습니다. 양배추 향이 싫다면 깨끗이 씻은 양배추를 냉동실에 얼렸다가 사용합니다.

Juice 07 | 비타민채 키위주스

단맛이 도는 가벼운 주스로 전해질을 함유하고 있어 어지러움을 자주 느끼는 사람들이나 땀을 흘린 후에 마시기 좋습니다.

준비하기

1. 비타민채 2~3포기를 깨끗이 씻고 밑동을 제거한다.
2. 키위 1개의 껍질을 벗긴다.
3. 코코넛워터 1컵을 준비한다.

만들기

모든 재료를 믹서에 넣고 간다.

체질 체크

	★★★★★	★★★★	★★★	★★	★	?
비타민채	금양, 금음	토양, 토음, 수양	수음	목양, 목음		
키위			모든 체질			
코코넛워터		토양, 토음	금양, 금음, 목양, 목음, 수양, 수음			

한의사의 꿀정보

비타민채와 키위는 비타민과 철분이 풍부해 빈혈이 있는 사람과 생리 중인 여성에게 좋습니다. 코코넛워터에는 칼륨과 마그네슘 같은 전해질이 들어 있어 운동을 한 뒤나 평소에 땀 분비가 많은 사람들에게 좋습니다.

Juice 08 | 참외셀러리 오이주스

갈증 해소, 노폐물과 독소 배출에 특히 좋고 시원한 청량감이 느껴지며 몸이 가벼워지는 주스입니다.

준비하기

1. 참외 1/2개의 껍질과 씨를 제거한다.
2. 셀러리 3~4대를 깨끗이 씻는다.
3. 오이 1/2~1개를 깨끗이 씻고 껍질째 준비한다 (껍질을 벗겨도 좋다).
4. 식초를 조금 준비한다.

만들기

모든 재료를 믹서에 넣고 간다.

체질 체크

	★★★★★	★★★★	★★★	★★	★	?
참외		토양, 토음, 금양, 금음	목양, 목음	수양, 수음		
셀러리			토양, 토음, 금양, 금음, 목양, 목음, 수양	수음		
오이		토양, 토음, 금양, 금음	수양	목양, 목음, 수음		

한의사의 꿀정보

참외는 수분 함량이 90% 정도로 매우 높고, 칼륨이 많아 이뇨 작용을 하고 노폐물 배출을 용이하게 해줍니다. 셀러리도 이뇨 작용을 촉진시키며, 식이 섬유가 많아 숙변 제거 효과가 있습니다. 오이는 수분, 칼륨이 많고 비타민C도 많아서 피로 회복과 노폐물 배출 효능이 있답니다. 단, 오이는 비타민C를 파괴하는 아스코르비나아제라는 효소가 있으므로 다른 채소와 함께 주스를 만들 때 식초를 조금 넣으면 좋습니다.

Juice 09 | 수박 당근주스

여름철에 특히 생각나는 수박주스를 살짝 바꿔봤습니다. 혈당 조절이 필요하거나 다이어트 중인 사람들에게 좋습니다.

준비하기

1 수박 1/8통를 준비한다.
2 당근 1개를 깨끗이 씻는다.

만들기

모든 재료를 믹서에 넣고 간다.

체질 체크

	★★★★★	★★★★	★★★	★★	★	?
수박		목양, 목음, 토양, 토음	수양, 수음, 금양, 금음			
당근	목양, 목음	토양, 수음	토음, 수양	금양, 금음		

한의사의 꿀정보

수박은 95%가 수분으로 이루어져 여름철 갈증 해소에 아주 탁월한 과일입니다. 수박씨에 존재하는 시트룰린이라는 물질은 이뇨 작용을 도와 더위를 식히는 데 좋답니다. 또한 수박씨에는 무기질, 칼슘 등이 들어 있으므로 씨를 제거하지 않고 같이 갈아 마시면 좋습니다. 단, 수박만으로 주스를 만들 경우 혈당을 빠르게 올릴 수 있으므로 다이어트 중이거나 혈당 조절이 필요한 사람들은 식이 섬유가 풍부한 당근을 함께 갈아 마실 것을 권합니다. 당근에는 비타민 A·B_1·B_2·C, 칼슘, 마그네슘, 철 등의 영양소가 풍부해 다이어트 시 영양 부족을 예방할 수도 있습니다.

Juice 10 | 복분자블루베리 양배추셰이크

보라색이 매력적인 셰이크입니다. 눈 건강에 특히 좋고, 각종 영양 성분이 풍부해 어른, 아이 모두에게 좋답니다.

준비하기

1. 복분자 1줌을 깨끗이 씻는다(블랙베리로 대체 또는 생략 가능).
2. 블루베리 1줌을 깨끗이 씻는다(냉동 블루베리 가능).
3. 양배추 3장을 깨끗이 씻는다.
4. 오트밀크 1컵을 준비한다.

만들기

모든 재료를 믹서에 넣고 간다.

체질 체크

	★★★★★	★★★★	★★★	★★	★	?
복분자		토양, 토음, 금양, 금음		목양, 목음, 수양, 수음		
블루베리		토양, 토음	금양, 금음, 목양, 목음, 수양, 수음			
양배추	금양, 금음	토양, 토음, 수양	수음	목양, 목음		
오트밀크		목양, 목음, 토양	토음, 수양, 수음	금양, 금음		

한의사의 꿀정보

눈에 좋다고 알려져 있는 복분자와 블루베리는 안토시아닌이 풍부해 항산화 효능이 뛰어나고 피로 회복과 면역력 증강에도 좋습니다. 양배추에는 비타민A가 다량 함유되어 있어 안과 질환에 좋습니다. 오트(귀리)는 쌀 2배 정도의 단백질을 함유하고 있고, 필수 아미노산과 칼슘이 풍부해 성장기 아이들에게 좋습니다. 특히 오트의 베타글루칸은 장 노폐물 배출에, 폴리페놀 같은 항산화 성분은 심혈관 질환 예방에 도움을 줍니다.

01　멜론오이수박주스

02　파인애플치커리밀싹주스

03　적양배추바나나요거트셰이크

04　상추무화과셰이크

05　브로콜리블루베리바나나셰이크

06　새싹채소양상추알로에주스

07　케일딸기비타민채주스

08　키위쑥갓셀러리주스

09　콜리플라워배바나나주스

10　말차바나나브로콜리셰이크

방광이
약한

토음
체질을
위한

주스

Juice 01 | 멜론오이 수박주스

속의 열을 내려 몸을 시원하게 해주고 면역력을 높여주는 여름철 건강 관리 주스입니다.

준비하기

1. 멜론 1/8개의 껍질을 벗긴다.
2. 수박 1/8통과 식초 소량을 준비한다.
3. 오이 1개를 깨끗이 씻고 껍질째 준비한다(껍질을 벗겨도 좋다).

만들기

모든 재료를 믹서에 넣고 간다.

체질 체크

	★★★★★	★★★★	★★★	★★	★	?
멜론		목양, 목음, 토양, 토음	수양, 수음, 금양, 금음			
오이		토양, 토음, 금양, 금음	수양	목양, 목음, 수음		
수박		목양, 목음, 토양, 토음	수양, 수음, 금양, 금음			

한의사의 꿀정보

멜론의 베타카로틴, 수박의 라이코펜, 오이의 비타민C는 항산화 작용이 뛰어납니다. 특히 수박과 오이는 수분이 많아 여름철 갈증 해소에 아주 탁월하고, 면역력을 높여 여름철 감기, 냉방병, 장염 등을 예방하기 좋답니다.

Juice 02 | 파인애플치커리 밀싹주스

장 건강에 좋은 새콤달콤 쌉싸름한 해독 주스입니다.

준비하기

1. 파인애플 과육 1컵을 준비한다.
2. 치커리 1줌과 밀싹 1줌을 깨끗이 씻는다.

만들기

모든 재료를 믹서에 넣고 간다.

체질 체크

	★★★★★	★★★★	★★★	★★	★	?
파인애플		토양, 토음, 금양, 금음	목양, 목음	수양, 수음		
치커리						
밀싹						

한의사의 꿀정보

섬유질이 많은 파인애플, 치커리, 밀싹으로 구성되어 포만감이 느껴지면서도 칼로리가 낮은 주스입니다. 파인애플은 단백질 분해 효소가 있어 소화가 잘 되게 해주고, 치커리 역시 소화 기능 개선 효능이 있답니다. 밀싹은 변비 예방 효과가 있어 장 건강에 좋습니다.

Juice 03 | 적양배추바나나 요거트셰이크

누구나 좋아하는 단맛에 장 건강에도 좋은 셰이크입니다.

준비하기

1. 적양배추 1/4통을 깨끗이 씻는다.
2. 바나나 1개의 껍질을 벗긴다.
3. 플레인요거트 1컵을 준비한다.

만들기

모든 재료를 믹서에 넣고 간다.

체질 체크

	★★★★★	★★★★	★★★	★★	★	?
적양배추						
바나나		토양, 토음, 금양, 금음	목양, 목음	수양, 수음		
플레인요거트		목양, 목음, 토양, 토음	수양, 수음		금양, 금음	

한의사의 꿀정보

적양배추는 안토시아닌이 풍부해 항산화, 항염증 효능이 우수한 것으로 알려져 있으며, 당뇨, 고지혈증 예방, 눈 건강에도 좋습니다. 바나나는 칼륨, 비타민C, 식이 섬유가 풍부해 변비에 좋고, 플레인요거트에 들어 있는 유산균은 장 내 유익균 증식 및 장의 연동 운동을 도와 설사나 변비가 잦은 사람들에게 좋습니다.

Juice 04 | 상추무화과 셰이크

속도 마음도 편하게 만들어주는 달콤쌉싸름한 맛의 셰이크입니다.

준비하기

1 상추 3~5장과 무화과 2~3개를 깨끗이 씻는다.
2 코코넛밀크 1컵을 준비한다.

만들기

모든 재료를 믹서에 넣고 간다.

체질 체크

	★★★★★	★★★★	★★★	★★	★	?
상추	금양, 금음	토양, 토음, 수양	수음	목양, 목음		
무화과		토양, 토음, 금양, 금음	목음, 수양	목양, 수음		
코코넛밀크		토양, 토음	금양, 금음, 목양, 목음, 수양, 수음			

한의사의 꿀정보

상추는 무기질, 비타민, 철분이 많아 빈혈 예방 효과가 있습니다. 뿐만 아니라 신경을 안정시켜주고 진통에도 효과가 있답니다. 무화과는 비타민, 무기질, 칼슘이 풍부하고, 단백질 분해 효소가 들어 있어 소화 불량에 도움이 되며, 변비, 장염에 좋습니다. 코코넛밀크에는 각종 비타민, 칼륨, 칼슘 등이 들어 있는데 우유 소화가 어려운 사람들이 우유 대용으로 먹기 좋습니다.

Juice 05 | 브로콜리블루베리 바나나셰이크

건강한 셰이크에 막 입문한 사람들이 즐기기 쉬운 달콤하고 고소한 맛의 셰이크입니다.

준비하기
1. 데친 브로콜리 1줌과 블루베리 1줌을 준비한다.
2. 바나나 1개의 껍질을 벗긴다.
3. 아몬드밀크 1컵을 준비한다.

만들기
모든 재료를 믹서에 넣고 간다.

체질 체크

	★★★★★	★★★★	★★★	★★	★	?
브로콜리						
블루베리		토양, 토음	금양, 금음, 목양, 목음, 수양, 수음			
바나나		토양, 토음, 금양, 금음	목양, 목음	수양, 수음		
아몬드밀크		목양, 목음, 토양, 토음, 수양, 수음			금양, 금음	

한의사의 꿀정보

브로콜리는 항산화 작용을 하는 베타카로틴을 함유하고 있으며, 칼슘이 풍부해 골다공증 예방에 도움이 됩니다. 블루베리 또한 항산화 작용을 하는 안토시아닌이 들어 있어 눈 건강에 좋습니다. 바나나는 칼륨이 풍부하고, 아몬드는 비타민E를 많이 함유하고 있어 잘 붓고 뼈가 약한 사람에게 좋습니다.

Juice 06

새싹채소양상추 알로에주스

영양소가 풍부하고 항암 효과까지 가진 주스입니다. 체중 감량이 필요할 때, 염증 질환이 있을 때, 잠이 잘 오지 않을 때 마시기 좋습니다.

준비하기

1. 새싹채소 1줌과 양상추 3~4장을 깨끗이 씻는다.
2. 알로에잎 착즙 1컵(또는 식용 알로에잎 1/3장)을 준비한다(구입한 알로에의 적정 섭취량 확인).

만들기

모든 재료를 믹서에 넣고 간다.

체질 체크

	★★★★★	★★★★	★★★	★★	★	?
양상추	금양, 금음	토양, 토음, 수양	수음	목양, 목음		
알로에		토양, 토음	금양, 목음	금음	목양, 수양, 수음	

한의사의 꿀정보

새싹채소는 열매일 때에 비해 몇 십 배 이상의 각종 비타민, 아미노산 등의 영양소를 가지고 있습니다. 때문에 항암, 피로 회복, 피부 미용, 항산화 효과 등이 각 채소의 종류에 따라 매우 뛰어납니다. 양상추는 섬유질이 많고 칼로리가 낮아 다이어트 식단에 자주 이용되는데, 특히 양상추의 알칼로이드는 신경을 안정시켜주고 불면증에 도움이 됩니다. 알로에의 아크로틴A와 알로마이신은 항암 작용을 하는 것으로 알려져 있고, 알로에 추출물이 암세포의 생장력을 억제시켰다는 동물 실험 결과도 있습니다. 또한 알로에는 염증 제거, 피로 회복, 숙면 효능도 있답니다.

Juice 07 | 케일딸기 비타민채주스

눈과 피부에 좋은 해독 주스로 가벼운 식감과 달콤쌉싸름한 맛을 즐길 수 있습니다.

준비하기

1. 쌈케일(또는 주스용 케일) 2~3장을 깨끗이 씻는다.
2. 딸기 1줌을 깨끗이 씻고 꼭지를 제거한다.
3. 비타민채 2~3포기를 깨끗이 씻고 밑동을 제거한다.

만들기

모든 재료를 믹서에 넣고 간다.

체질 체크

	★★★★★	★★★★	★★★	★★	★	?
케일	금양, 금음	토양, 토음, 수양	수음	목양, 목음		
딸기		토양, 토음, 금양, 금음	목양, 목음	수양, 수음		
비타민채	금양, 금음	토양, 토음, 수양	수음	목양, 목음		

한의사의 꿀정보

케일과 비타민채 모두 비타민이 풍부한데, 특히 비타민채는 이름도 비타민일 정도로 비타민 성분을 많이 함유하고 있습니다. 비타민채에는 눈에 좋기로 알려진 비타민A의 전구체인 카로틴이 시금치의 2배나 들어 있습니다. 딸기는 비타민C가 풍부해 피부 미용에 좋고, 특히 철분이 많아 빈혈에 좋답니다. 단, 딸기에 설탕을 뿌리면 비타민, 사과산, 구연산 등이 손실되므로 설탕은 되도록 넣지 않습니다.

Juice 08 | 키위쑥갓 셀러리주스

새콤하고 쌉싸름한 맛이 매력 적인 주스로 자주 마시면 몸이 가벼워지고 머리가 맑아집니다.

준비하기

1 키위 1개의 껍질을 벗긴다.
2 쑥갓 1줌을 깨끗이 씻고 밑동을 제거한다.
3 셀러리 1~2대를 깨끗이 씻는다.

만들기

모든 재료를 믹서에 넣고 간다.

체질 체크

	★★★★★	★★★★	★★★	★★	★	?
키위			모든 체질			
쑥갓	금양, 금음	토양, 토음, 수양	수음	목양, 목음		
셀러리			금양, 금음, 토양, 토음, 목양, 목음, 수양	수음		

한의사의 꿀정보

키위, 쑥갓, 셀러리 모두 식이 섬유가 많으며, 특히 키위의 불용성 식이 섬유는 대장 노폐물 배출에 탁월합니다. 또한 키위의 가용성 식이 섬유는 당이나 콜레스테롤 같은 영양소의 흡수 속도를 늦추는 효과가 있어 다이어트에 좋습니다. 셀러리는 이뇨 작용 촉진 효능이 있고, 비타민B가 풍부해 뇌 신경을 활성화시키는 데 좋습니다. 쑥갓은 천연 항히스타민제라 불릴 만큼 면역력 증강, 알레르기 증상 완화에 좋습니다.

Juice 09 | 콜리플라워 배바나나주스

몸이 잘 붓고 무거우며 피로감을 쉽게 느끼는 사람들에게 추천하는 주스입니다.

준비하기

1. 콜리플라워 1줌을 깨끗이 씻고 데친다.
2. 배 1/4~1/2개와 바나나 1개의 껍질을 벗긴다.

만들기

모든 재료를 믹서에 넣고 간다.

체질 체크

	★★★★★	★★★★	★★★	★★	★	?
콜리플라워						
배	목양, 목음	토양, 수음	토음, 수양	금양, 금음		
바나나		토양, 토음, 금양, 금음	목양, 목음	수양, 수음		

한의사의 꿀정보

콜리플라워는 비타민C가 풍부해 면역력 증진, 피로 회복에 도움이 됩니다. 특히 수분과 식이 섬유가 풍부해 다이어트와 변비 예방에 좋고 항암 효과가 뛰어나 슈퍼 푸드로 불립니다. 배 또한 수분과 식이 섬유가 풍부하며, 배에 들어 있는 루테올린이라는 항산화 물질은 호흡기 질환을 예방해줍니다. 배는 소화를 돕고 이뇨 작용이 뛰어나 부종이 있는 사람들에게도 좋습니다. 바나나는 비타민A·C가 풍부해 피로 회복에 좋고 칼륨도 풍부해 근육 경련이나 부종이 자주 생기는 사람들에게 좋습니다.

Juice 10 | 말차바나나 브로콜리셰이크

쌉싸름하면서 달달한 향을 가진 말차가루를 주스에 활용해 봤습니다. 항산화 물질인 폴리페놀이 풍부한 이색 주스입니다.

준비하기

1. 바나나 1개의 껍질을 벗긴다(바나나 과육을 살짝 얼려도 좋다).
2. 브로콜리 1줌을 깨끗이 씻고 데친다.
3. 플레인요거트 1컵과 말차가루 1~2작은술을 준비한다.

만들기

1. 바나나, 브로콜리, 플레인요거트를 믹서에 넣고 간다.
2. 1을 컵에 담고 말차가루를 뿌리거나 섞는다.

체질 체크

	★★★★★	★★★★	★★★	★★	★	?
말차			토양, 토음, 목양, 목음, 수양, 수음	금양, 금음		
바나나		토양, 토음, 금양, 금음	목양, 목음	수양, 수음		
브로콜리						
플레인요거트		목양, 목음, 토양, 토음	수양, 수음		금양, 금음	

한의사의 꿀정보

말차가루는 항산화 물질인 폴리페놀, 비타민A, 섬유질, 토코페롤이 풍부해 노화 방지 효과가 있습니다. 바나나는 칼륨이 많고, 브로콜리는 레몬보다 훨씬 많은 비타민C가 들어 있으며 철분과 식이 섬유가 풍부해 요거트와 함께 장을 건강하게 해준답니다. 단, 말차가루는 카페인을 함유하고 있으니 임산부, 어린이, 카페인에 민감한 사람들은 유의해야 합니다.

플러스 꿀팁

토양·토음 체질 다이어트

식단

췌장과 위장이 발달한 토양·토음 체질은 살이 찔 수 있는 잠재적 요소가 항상 존재하는 체질입니다. 특히 토양·토음 체질은 먹는 행위 자체를 좋아하는 경우가 많고, 맛집을 찾으러 다니거나 TV에 나오는 새로운 음식을 먹어보고 싶어 하는 사람들도 많답니다. 그래서 어렸을 때부터 통통한 사람들, 청소년기까지는 아무리 먹어도 살이 찌지 않다가 성인이 된 이후에 갑자기 살이 찌는 사람들이 많습니다.

그런데 많이 먹지 않는 것 같은데도 살이 자꾸 찌는 경우도 있습니다. 특히 먹는 양은 오히려 적은 편인데 식사가 불규칙하거나 빵, 과자, 과일 등으로 간단히 끼니를 때우는 토양·토음 체질 여성들에게 이런 현상이 잘 나타납니다. 이런 사람들은 평소에 먹는 양이 적은 편이라 칼로리 섭취를 더 줄이기 힘들어 다이어트를 할 때 진퇴양난의 상황에 처하게 되거나, 고탄수화물 음식으로 한번씩 폭식을 하면서 다이어트가 무너지기도 합니다.

토양·토음 체질은 허기를 자주 느끼는 경향이 있지만 건강하지 않거나 혈당의 안정도가 떨어졌을 때는 식욕이 별로 없습니다. 또한 갑자기 당이 떨어진 느낌이 들면 참지 못하고 단 음식을 먹어야만 괜찮아지는 느낌이 잘 생기는 것도 토양·토음 체질의 특성입니다. 따라서 토양·토음 체질의 다이어트에 있어 혈당을 안정화하고 식욕을 정상으로 만드는 일은 매우 중요합니다. 무엇보다 규칙적인 식사를 하는 게 좋고, 당류 위주의 식단이 되지 않도록 주의해야 합니다.

토양·토음 체질에서 또 하나 주의해야 할 점은 폭식하지 않는 것입니다. 토양·토음 체질은 한번씩 폭식을 하는 경향이 많이 나타납니다. 폭식이나 과식이 잦아지면 포만감을 정상적으로 느끼기 어려워지고, 점점 더 과식하게 되는 악순환이 발생하고 맙니다. 특히 토양·토음 체질은 음식을 급하게 먹는 성향을 가진 사람들이 많기도 합니다. 음식을 제대로 씹지 않고 급하게 먹다 보면 식사 후 속이 더부룩한 소화 장애를 느끼거나, 제때 포만감을 가지지 못해 과식으로 이어지기 쉽습니다. 그러므로 음식의 맛과 향을 충분히 음미하면서 천천히 식사하고, 음식을 많이 씹고 넘기는 습관을 가져야 합니다.

토양·토음 체질은 단백질과 신선한 채소 위주로 섭취하면 다이어트가 한결 쉬워집니다. 달걀, 돼지고기, 생선 같은 질 좋은 자연 식품과 상추, 배추, 양배추, 오이 위주로 식사하고 밥, 면, 빵, 고구마 같은 탄수화물을 부차적으로 섭취하면 체지방 감량에 효과적이고 소화도 잘 되는 느낌이 듭니다. 단, 다이어트를 위해 오로지 채소나 과일만을 섭취하도록 제한하면 단기간에 체중 감량은 이루어질지 몰라도 속 쓰림, 복부 가스 참 등의 증상이 있을 수 있으니 가급적 동물성 단백질을 포함한 식단을 구성하는 것이 좋습니다.

운 동 & 목 욕

토양·토음 체질은 활동적인 운동을 하면 식욕이 줄고 스트레스를 풀 수 있어 좋습니다. 이렇게 스트레스를 해소하면서 기분이 좋아지는 운동을 하면 스트레스성 폭식을 막을 수 있어 다이어트에도 도움이 됩니다.

토양·토음 체질 사람들에게는 조깅이나 자전거 타기처럼 바깥에서 할 수 있는 운동을 권합니다. 대신 발목이나 무릎이 약하면 근력과 뼈의 상태를 고려해 운동의 강도와 시간을 정하도록 합니다. 더불어 추운 환경이나 찬물에서 하는 운동은 피하는 게 좋습니다. 수영을 하고 싶다면 수영 후 사우나나 반신욕으로 몸을 따뜻하게 데우고 땀을 조금이라도 흘리도록 합니다.

평소 목욕을 할 때 따뜻한 물로 하는 게 좋고, 족욕이나 좌욕 또한 잘 맞는 체질입니다. 특히 신장, 방광, 자궁, 난소 기능이 약한 토양·토음 체질에게 좌욕과 반신욕은 약해지기 쉬운 비뇨·생식기계를 강화시키는 좋은 방법입니다. 열이 자주 올라 얼굴이나 두피가 쉽게 붉어지거나 갑갑증이 있는 사람은 사우나 찜질방보다 족욕을 하거나 반신욕을 하더라도 따뜻한 물을 배꼽 높이로 맞추는 게 좋습니다. 시원한 얼음물이나 보리차를 마시면서 따뜻한 목욕을 즐기는 것도 좋은 방법입니다.

금양·금음

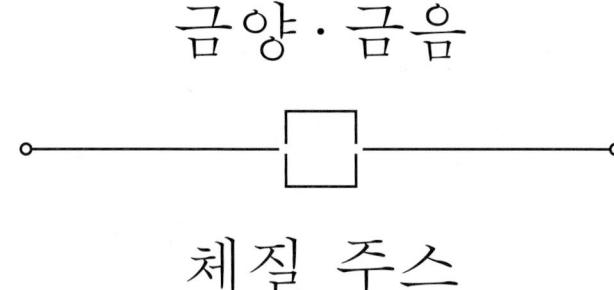

체질 주스

01　시금치셀러리키위주스

02　케일브로콜리바나나주스

03　청포도청경채주스

04　포도체리에이드

05　복숭아아보카도양상추스무디

06　딸기쑥갓주스

07　참외오이알로에주스

08　딸기적양배추바나나주스

09　파인애플오이양상추주스

10　복분자블루베리양상추주스

간이
약한

금양
체질을
위한

주스

Juice 01 | 시금치셀러리 키위주스

맛과 색에서 청량감이 물씬 느껴지는 주스로 몸 안의 독소를 배출하는 데 도움이 됩니다.

준비하기

1. 시금치 1포기와 셀러리 1~2대를 깨끗이 씻는다.
2. 키위 1개의 껍질을 벗긴다.

만들기

모든 재료를 믹서에 넣고 간다.

체질 체크

	★★★★★	★★★★	★★★	★★	★	?
시금치		수양, 수음, 금음	목양, 목음, 토양, 토음, 금양			
셀러리			목양, 목음, 금양, 금음, 토양, 토음, 수양	수음		
키위			모든 체질			

한의사의 꿀정보

시금치는 혈중 호모시스테인 농도를 떨어뜨리는 엽산이 풍부해 치매, 심장 마비, 뇌졸중 예방에 도움이 되며, 비타민이 풍부해 피부가 거칠 때 먹으면 좋은 식품입니다. 셀러리와 키위는 식이 섬유가 많아 대장의 숙변과 노폐물을 배출시키는 데 도움이 됩니다. 키위에는 검버섯, 잡티 생성을 막아주는 성분도 들어 있답니다.

Juice 02 | 케일브로콜리 바나나주스

보기에도 건강한 초록색 주스로 달달한 맛과 함께 향이 강하지 않아 주스 입문자도 마시기 좋습니다.

준비하기

1. 쌈케일(또는 주스용 케일) 2~3장을 깨끗이 씻는다.
2. 브로콜리 1줌을 깨끗이 씻고 데친다.
3. 바나나 1개의 껍질을 벗긴다.

만들기

모든 재료를 믹서에 넣고 간다.

체질 체크

	★★★★★	★★★★	★★★	★★	★	?
케일	금양, 금음	토양, 토음, 수양	수음	목양, 목음		
브로콜리						
바나나		토양, 토음, 금양, 금음	목양, 목음	수양, 수음		

한의사의 꿀정보

케일과 브로콜리 모두 비타민C가 풍부해 항산화 효과가 탁월합니다. 특히 케일은 혈당 조절 효능이 있어 인슐린 저항성이 있거나 다이어트 중인 사람들이 당분을 많이 함유한 바나나를 먹을 때 함께 섭취하면 좋답니다.

Juice 03 | 청포도 청경채주스

밝은 녹색의 보기만 해도 시원하고 청량감이 드는 주스입니다. 몸의 긴장을 풀어주고 피로 회복을 도와줍니다.

준비하기
1. 청포도 1송이를 깨끗이 씻고 알알이 뜯는다.
2. 청경채 1~2포기를 깨끗이 씻고 밑동을 제거한다.

만들기
모든 재료를 믹서에 넣고 간다.

체질 체크

	★★★★★	★★★★	★★★	★★	★	?
청포도		토양, 토음, 금양, 금음, 수양			목양, 목음, 수음	
청경채	금양, 금음	토양, 토음, 수양	수음	목양, 목음		

한의사의 꿀정보

청포도는 구연산과 유기산이 풍부해 피로 회복에 좋습니다. 특히 포도씨는 비타민 B·C·E·F·P가 풍부하고 빈혈과 근육의 노화, 피부의 각질화를 치유하는 효능이 있어 씨를 함께 섭취하는 게 좋습니다. 단, 당분이 많아 다이어트 시에는 식이 섬유가 풍부한 청경채 같은 채소를 섞어 주스를 만들 것을 추천합니다. 청경채는 식이 섬유 외에도 칼슘, 나트륨 같은 무기질, 비타민이 풍부하고 수분이 많답니다.

Juice 04 | 포도체리 에이드

예쁜 보랏빛과 새콤달콤한 맛이 칵테일을 연상시키는 피로회복 에이드입니다. 생각이나 걱정이 많아 쉽게 잠들지 못할 때 마시기 좋은 건강 음료랍니다.

준비하기

1. 포도 1송이를 깨끗이 씻고 알알이 뜯는다.
2. 체리 4~5개를 깨끗이 씻고 꼭지와 씨를 제거한다.
3. 탄산수 1컵을 준비한다.

만들기

1. 포도, 체리, 탄산수 1/2컵을 믹서에 넣고 간다.
2. 1을 컵에 담고 남은 탄산수를 붓는다.

체질 체크

	★★★★★	★★★★	★★★	★★	★	?
포도		토양, 토음, 금양, 금음	수양, 수음	목양, 목음		
체리		금양, 금음	목양, 목음, 토양, 토음, 수양, 수음			

한의사의 꿀정보

포도는 비타민과 유기산이 풍부해 피로 회복에 좋습니다. 특히 포도의 당 성분은 긴장을 풀어주고 흥분을 가라앉히며, 비타민E는 성인병, 노화, 비만을 예방해줍니다. 체리도 비타민 C·E가 풍부해 피부 미용, 노화 방지에 효과적이며, 멜라토닌을 함유하고 있어 불면증에 좋습니다.

Juice 05

복숭아아보카도 양상추스무디

허기질 때 간식으로 마시기 좋으며 피로 회복을 도와주는 스무디입니다.

준비하기

1. 복숭아 1개를 깨끗이 씻고 껍질을 벗긴다.
2. 양상추 1/4통을 깨끗이 씻는다.
3. 아보카도 1/2개의 껍질과 씨를 제거한다.
4. 카카오닙스 1큰술을 준비한다.

만들기

모든 재료를 믹서에 넣고 간다.

체질 체크

	★★★★★	★★★★	★★★	★★	★	?
복숭아		금양, 금음	목양, 목음, 토양, 토음, 수양, 수음			
아보카도		목양, 목음, 토양, 토음	금양, 금음, 수양, 수음			
양상추	금양, 금음	토양, 토음, 수양	수음	목양, 목음		
카카오닙스			모든 체질			

한의사의 꿀정보

복숭아는 비타민A가 풍부해 성장, 면역력, 야맹증에 좋습니다. 특히 복숭아는 포도당과 유기산이 많아 식욕 증진, 피로 회복, 숙면 유도에도 좋답니다. 아보카도는 비타민과 무기질이 풍부한데, 특히 불포화 지방산이 많습니다. 양상추는 섬유질이 많고 칼로리가 낮아 다이어트 식단에 자주 등장합니다. 양상추의 알칼로이드는 신경을 안정시켜주고 불면증에 도움이 됩니다. 카카오닙스에는 항산화 성분인 카테킨이 많아서 심혈관 질환을 예방할 수 있습니다.

Juice 06 | 딸기쑥갓 주스

새콤하고 쌉싸름한 맛의 주스로 환절기에 면역력을 높이는 데 도움이 됩니다.

준비하기

1. 딸기 1줌을 깨끗이 씻고 꼭지를 제거한다.
2. 쑥갓 1줌을 깨끗이 씻고 밑동을 제거한다.

만들기

모든 재료를 믹서에 넣고 간다.

체질 체크

	★★★★★	★★★★	★★★	★★	★	?
딸기		토양, 토음, 금양, 금음	목양, 목음	수양, 수음		
쑥갓	금양, 금음	토양, 토음, 수양	수음	목양, 목음		

한의사의 꿀정보

쑥갓은 천연 항히스타민제라 불릴 만큼 면역력 증강이나 알레르기 증상 완화에 좋은 채소입니다. 딸기는 귤보다 3배나 많은 비타민C가 들어 있어 면역력을 높이는 데 좋고, 특히 딸기가 붉은색을 띠게 하는 라이코펜은 면역력을 높이고 노화를 방지해줍니다. 알레르기 비염, 아토피 피부염 등 알레르기 질환을 가진 사람들이 아침, 저녁으로 마시면 좋은 주스입니다.

Juice 07

참외오이 알로에주스

몸의 열을 식혀주는 주스입니다. 피부 트러블, 습진, 불면, 안면 홍조나 가슴이 답답해지는 등의 증상이 있을 때 자주 마시면 좋습니다.

준비하기

1. 참외 1/2개의 껍질과 씨를 제거한다.
2. 오이 1/2~1개를 깨끗이 씻고 껍질째 준비한다.
3. 알로에잎 착즙 1컵(또는 식용 알로에잎 1/3장)을 준비한다(구입한 알로에의 적정 섭취량 확인).
4. 식초를 조금 준비한다.

만들기

모든 재료를 믹서에 넣고 간다.

체질 체크

	★★★★★	★★★★	★★★	★★	★	?
참외		토양, 토음, 금양, 금음	목양, 목음	수양, 수음		
오이		토양, 토음, 금양, 금음	수양	목양, 목음, 수음		
알로에		토양, 토음	금양, 목음	금음	목양, 수양, 수음	

한의사의 꿀정보

참외와 오이는 수분과 비타민C가 많아 피로 회복, 수분 보충, 갈증 해소에 좋습니다. 특히 참외는 임산부에게 꼭 필요한 엽산이 많은데, 참외를 1개만 먹어도 1일 섭취 권장량을 채울 수 있답니다. 오이는 혈압이 높은 사람에게 좋으며, 피부의 열을 내려주는 효능이 있어 오이를 갈아서 혹은 잘라서 얼굴이나 피부에 직접 붙이기도 합니다. 알로에 또한 열을 내려주는 찬 성질이 있어 알로에를 직접 피부에 바르거나 붙여 습진, 기미, 주근깨 완화 및 피부 미용 등을 목적으로 활용하기도 합니다. 알로에는 장 운동을 촉진시켜 변비에 좋고 신경을 진정시켜주는 작용도 한답니다. 단, 오이의 아스코르비나아제라는 효소는 다른 채소의 비타민C를 파괴할 수 있으므로 식초를 조금 넣어 주스를 만들도록 합니다.

Juice 08 | 딸기적양배추 바나나주스

새콤달콤한 맛에 향이 강하지 않아 입맛이 까다로운 사람들도 즐길 수 있으며 눈과 장 건강에 좋은 주스입니다.

준비하기

1. 딸기 1줌을 깨끗이 씻고 꼭지를 제거한다.
2. 적양배추 1/4통을 깨끗이 씻는다.
3. 바나나 1개의 껍질을 벗긴다.
4. 카카오닙스 1~2작은술을 준비한다(생략 가능).

만들기

모든 재료를 믹서에 넣고 간다.

체질 체크

	★★★★★	★★★★	★★★	★★	★	?
딸기		토양, 토음, 금양, 금음	목양, 목음	수양, 수음		
적양배추						
바나나		토양, 토음, 금양, 금음	목양, 목음	수양, 수음		
카카오닙스			모든 체질			

한의사의 꿀정보

딸기는 비타민C가 풍부하며, 눈의 피로를 줄여주고 시력 향상에 도움이 되는 안토시아닌이 들어 있어 학생이나 컴퓨터 작업을 오래하는 직장인에게 좋습니다. 적양배추에도 안토시아닌이 풍부해 눈 건강에 좋고, 항산화, 항염증 효능이 있으며, 당뇨와 고지혈증 예방에도 좋습니다. 바나나는 칼륨, 비타민C, 식이 섬유가 풍부해 장시간 앉아 있어 변비가 잘 생기는 사람들에게 좋습니다. 카카오닙스 역시 식이 섬유가 많아 변비에 도움이 됩니다.

Juice 09 | 파인애플오이 양상추주스

소화가 잘 되게 해주는 주스로, 속이 더부룩하고 갑갑할 때 마시기 좋은 주스입니다.

준비하기

1. 파인애플 과육 1컵과 식초 소량을 준비한다.
2. 오이 1/2~1개를 깨끗이 씻고 껍질째 준비한다 (껍질을 벗겨도 좋다).
3. 양상추 3장을 깨끗이 씻는다.

만들기

모든 재료를 믹서에 넣고 간다.

체질 체크

	★★★★★	★★★★	★★★	★★	★	?
파인애플		토양, 토음, 금양, 금음	목양, 목음	수양, 수음		
오이		토양, 토음, 금양, 금음	수양	목양, 목음, 수음		
양상추	금양, 금음	토양, 토음, 수양	수음	목양, 목음		

한의사의 꿀정보

섬유질이 많은 파인애플과 양상추, 수분이 많은 오이로 구성되어 포만감이 적절하게 느껴지면서도 파인애플은 단백질 분해 효소가 있어 소화가 잘 되게 도와준답니다. 양상추의 알칼로이드는 신경을 안정시키고 불면증을 완화시킵니다. 오이는 칼륨, 비타민C가 많아 피로 회복과 노폐물 배설에 좋습니다. 단, 오이는 비타민C를 파괴하는 아스코르비나아제라는 효소가 있으니 다른 채소와 함께 주스를 만들 때 식초를 조금 넣도록 합니다.

Juice 10 | 복분자블루베리 양상추주스

새콤달콤하면서도 보랏빛이 매력적인 주스로 어지럼증을 자주 느끼는 사람들에게 좋습니다.

준비하기

1. 복분자 1줌을 깨끗이 씻는다(블랙베리로 대체 또는 생략 가능).
2. 블루베리 1줌을 깨끗이 씻는다(냉동·블루베리 가능).
3. 양상추 3장을 깨끗이 씻는다.
4. 코코넛워터 1컵을 준비한다.

만들기

모든 재료를 믹서에 넣고 간다.

체질 체크

	★★★★★	★★★★	★★★	★★	★	?
복분자		토양, 토음, 금양, 금음		목양, 목음, 수양, 수음		
블루베리		토양, 토음	금양, 금음, 목양, 목음, 수양, 수음			
양상추	금양, 금음	토양, 토음, 수양	수음	목양, 목음		
코코넛워터		토양, 토음	목양, 목음, 수양, 수음, 금양, 금음			

한의사의 꿀정보

눈에 좋다고 알려져 있는 복분자와 블루베리는 항산화 효능을 지닌 안토시아닌이 풍부해 피로 회복과 면역력 증강에 좋습니다. 양상추는 섬유질이 많고 칼로리가 낮아 다이어트 식단에 자주 등장하는데, 특히 양상추의 알칼로이드는 신경을 안정시키고 불면증을 완화시킵니다. 코코넛워터는 칼륨, 마그네슘 같은 전해질이 있어 어지럼증이 있는 사람들이나 운동 후에 마시면 좋습니다.

01　무화과아보카도카카오닙스스무디

02　홍시방울토마토카카오닙스주스

03　치커리파인애플청경채주스

04　케일아스파라거스키위주스

05　포도적양배추아로니아에이드

06　청포도키위케일주스

07　파인애플셀러리주스

08　망고파프리카카카오닙스주스

09　복숭아양배추대추야자주스

10　비타민채케일바나나주스

담낭이
약한

금음
체질을
위한

주스

Juice 01 | 무화과아보카도 카카오닙스스무디

늦은 밤 허기질 때 혹은 운동 후 식욕이 돌려고 할 때 마시면 좋은 스무디입니다. 영양소가 많으면서도 소화가 잘 되고 적절히 포만감이 들어 부담 없이 마시기 좋답니다.

준비하기

1. 무화과 2개를 깨끗이 씻는다.
2. 아보카도 1/2개의 껍질과 씨를 제거한다.
3. 코코넛워터 1컵과 카카오닙스 1큰술을 준비한다.

만들기

모든 재료를 믹서에 넣고 간다.

체질 체크

	★★★★★	★★★★	★★★	★★	★	?
무화과		토양, 토음, 금양, 금음	목음, 수양	목양, 수음		
아보카도		목양, 목음, 토양, 토음	금양, 금음, 수양, 수음			
카카오닙스			모든 체질			
코코넛워터		토양, 토음	목양, 목음, 수양, 수음, 금양, 금음			

한의사의 꿀정보

무화과와 아보카도는 비타민과 무기질이 풍부합니다. 아보카도는 불포화 지방산이 많고, 무화과는 단백질 분해 효소가 들어 있어 소화 불량, 변비, 장염에 좋습니다. 카카오닙스 역시 식이 섬유가 많아 변비에 도움이 됩니다. 코코넛워터는 칼륨이나 마그네슘 같은 전해질이 들어 있어 운동 후 마시기 좋은 음료입니다.

Juice 02

홍시방울토마토 카카오닙스주스

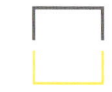

모세 혈관을 탄탄하게 만들어 줘서 멍이 잘 들거나 혈압이 높은 사람들에게 도움이 되는 주스입니다.

준비하기

1. 홍시 1개의 과육을 파낸다.
2. 방울토마토 1줌을 깨끗이 씻고 꼭지를 제거한다.
3. 카카오닙스 1큰술을 준비한다.

만들기

모든 재료를 믹서에 넣고 간다.

체질 체크

	★★★★★	★★★★	★★★	★★	★	?
홍시		토양, 토음, 금양, 금음		목양, 목음, 수양, 수음		
방울토마토		목양, 수양, 수음	금양, 금음, 목음	토양, 토음		
카카오닙스			모든 체질			

한의사의 꿀정보

감은 설사를 멎게 하고 위궤양이나 위장 출혈을 완화시켜줍니다. 또한 감에 들어 있는 탄닌은 모세 혈관을 튼튼하게 해 혈압이 높거나 혈관이 약한 사람들에게 좋습니다. 방울토마토는 비타민C·K, 항산화 작용을 하는 카로티노이드, 라이코펜을 다량 함유해 면역력 증강에 좋답니다. 토마토에 들어 있는 비타민C·E는 모세 혈관을 강화시키고 혈압을 내리는 효과도 있습니다. 카카오닙스에는 항산화 물질인 카테킨이 녹차보다 더 풍부하다고 알려져 있어 고혈압과 고지혈증 예방에 좋으며 혈관 건강에 도움이 됩니다.

Juice 03 | 치커리파인애플 청경채주스

피로 회복에 좋으면서 소화도 잘 되게 해주는 주스로 마시면 몸이 가벼워진답니다.

준비하기

1. 치커리 1줌을 깨끗이 씻는다.
2. 파인애플 과육 1컵을 준비한다.
3. 청경채 1~2포기를 깨끗이 씻고 밑동을 제거한다.

만들기

모든 재료를 믹서에 넣고 간다.

체질 체크

	★★★★★	★★★★	★★★	★★	★	?
치커리						
파인애플		토양, 토음, 금양, 금음	목양, 목음	수양, 수음		
청경채	금양, 금음	토양, 토음, 수양	수음	목양, 목음		

한의사의 꿀정보

섬유질이 많은 파인애플, 치커리, 청경채로 구성되어 포만감이 느껴지면서도 칼로리가 낮은 주스입니다. 파인애플은 단백질 분해 효소가 있어 소화가 잘 되게 도와주고 치커리 역시 소화 기능을 개선해줍니다. 청경채는 비타민C, 식이 섬유가 풍부해 피로 회복과 변비 완화에 좋습니다. 또한 칼륨과 칼슘이 많아 혈압을 낮추는 효과도 있습니다.

Juice 04 | 케일아스파라거스 키위주스

쾌변을 유도해 아랫배가 가벼워지게 도와주며, 아침을 잘 먹지 않는 사람들도 부담스럽지 않게 마실 수 있는 새콤달콤한 아침 주스랍니다.

준비하기

1. 쌈케일(또는 주스용 케일) 2~3장을 깨끗이 씻는다.
2. 아스파라거스 2~3대를 깨끗이 씻고 데친다.
3. 키위 1개의 껍질을 벗긴다.

만들기

모든 재료를 믹서에 넣고 간다.

체질 체크

	★★★★★	★★★★	★★★	★★	★	?
케일	금양, 금음	토양, 토음, 수양	수음	목양, 목음		
아스파라거스						
키위			모든 체질			

한의사의 꿀정보

케일, 아스파라거스, 키위는 장의 독소를 배출시키고 숙변을 제거하는 효과가 있어 변비에 좋답니다. 특히 케일은 베타카로틴이 많아 항산화 작용이 뛰어나며 항암 효과를 가지고 있습니다.

Juice 05 | 포도적양배추 아로니아에이드

매력적인 보랏빛에 달달한 맛과 향이 레드 와인이나 샴페인을 연상시키는 피로 회복 에이드입니다.

준비하기

1. 포도 1송이를 깨끗이 씻고 알알이 뜯는다.
2. 적양배추 1/4통을 깨끗이 씻는다.
3. 아로니아 1줌을 깨끗이 씻는다(아로니아파우더 1큰술을 넣어도 좋다).
4. 탄산수 1컵을 준비한다.

만들기

1. 포도, 적양배추, 아로니아, 탄산수 1/2컵을 믹서에 넣고 간다.
2. 1을 컵에 담고 남은 탄산수를 붓는다.

체질 체크

	★★★★★	★★★★	★★★	★★	★	?
포도		토양, 토음, 금양, 금음	수양, 수음	목양, 목음		
적양배추						
아로니아						

한의사의 꿀정보

포도는 비타민과 유기산이 풍부해 피로 회복에 좋습니다. 적양배추는 위궤양을 예방하는 효과가 있고 염증 완화에도 좋습니다. 아로니아는 베리류 중에서도 안토시아닌 함량이 가장 높아 눈의 피로 해소, 항산화, 항염증, 항암 효과, 당뇨 예방, 체중 감량 등의 효능이 있답니다.

Juice 06 | 청포도키위 케일주스

피부 노화를 막아주고 안색을 맑게 해주는 새콤달콤한 주스입니다.

준비하기

1. 청포도 1송이를 깨끗이 씻고 알알이 뜯는다.
2. 키위 1~2개의 껍질을 벗긴다.
3. 쌈케일(또는 주스용 케일) 2~3장을 깨끗이 씻는다.

만들기

모든 재료를 믹서에 넣고 간다.

체질 체크

	★★★★★	★★★★	★★★	★★	★	?
청포도		토양, 토음, 금양, 금음, 수양			목양, 목음, 수음	
키위			모든 체질			
케일	금양, 금음	토양, 토음, 수양	수음	목양, 목음		

한의사의 꿀정보

청포도는 구연산과 유기산이 풍부해 피로 회복에 좋습니다. 특히 포도씨는 비타민 B·C·E·F·P가 풍부하며, 빈혈과 근육의 노화, 피부의 각질화를 치유하는 효능이 있어 씨도 함께 섭취할 것을 권합니다. 키위는 비타민C가 풍부해 피부 미용과 감기 예방에 좋고, 철분도 풍부해 빈혈 예방에 좋습니다. 케일 역시 비타민이 풍부하고 식이 섬유가 많아 피부 미용과 변비 예방에 좋답니다.

Juice 07 | 파인애플 셀러리주스

손발저림이나 경련이 자주 생기는 사람에게 좋은 새콤달콤한 맛의 주스입니다.

준비하기

1. 파인애플 과육 1컵과 코코넛워터 1컵을 준비한다.
2. 셀러리 3~4대를 깨끗이 씻는다.

만들기

모든 재료를 믹서에 넣고 간다.

체질 체크

	★★★★★	★★★★	★★★	★★	★	?
파인애플		토양, 토음, 금양, 금음	목양, 목음	수양, 수음		
셀러리			목양, 목음, 토양, 토음, 금양, 금음, 수양	수음		
코코넛워터		토양, 토음	목양, 목음, 수양, 수음, 금양, 금음			

한의사의 꿀정보

파인애플과 셀러리는 식이 섬유가 많아 숙변을 제거하는 데 큰 효과가 있습니다. 동시에 파인애플에는 단백질 분해 효소가 있어 소화가 잘 되게 해줍니다. 셀러리는 마그네슘과 철분이 많아 천식, 빈혈에 좋고, 비타민A·B₁·B₂·C, 칼륨, 칼슘이 풍부해 신경을 안정시키고 피로를 회복하는 데도 도움이 됩니다. 코코넛워터는 칼륨, 마그네슘 같은 전해질이 들어 있어 어지럼증이 있거나 땀을 흘린 후에 마시면 좋습니다.

Juice 08 | 망고파프리카 카카오닙스주스

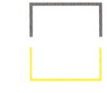

망고주스를 응용해 만든 주스로 피부를 생기 있게 만들어 준답니다.

준비하기

1. 망고 1/2개의 껍질과 씨를 제거한다.
2. 파프리카 1/2개(또는 미니파프리카 2~3개)를 깨끗이 씻고 꼭지와 씨를 제거한다.
3. 카카오닙스 1큰술을 준비한다.

만들기

모든 재료를 믹서에 넣고 간다(또는 망고와 파프리카를 믹서에 갈고 컵에 담은 다음 카카오닙스를 올린다).

체질 체크

	★★★★★	★★★★	★★★	★★	★	?
망고		목양, 수양, 수음	목음, 금음	금양	토양, 토음	
파프리카			모든 체질			
카카오닙스			모든 체질			

한의사의 꿀정보

망고와 파프리카는 항산화 성분인 베타카로틴이 풍부해 인체에 유해한 활성 산소를 제거해주고, 비타민이 풍부해 피부 미용에 좋습니다. 카카오닙스의 식이 섬유는 대장의 숙변을 배출시켜 가스가 많이 차고 변비가 있어 얼굴빛이 칙칙하고 피부 트러블이 잘 생기는 사람들에게 좋답니다.

Juice 09

복숭아양배추 대추야자주스

피로 회복과 간 기능 증진에
좋은 달콤한 주스입니다.

준비하기

1. 복숭아 1개를 깨끗이 씻고 껍질과 씨를 제거한다.
2. 양배추 1/4통을 깨끗이 씻는다(평소 냉동실에 얼려둬도 좋다).
3. 대추야자 3~4개를 깨끗이 씻는다(생략 가능하다).

만들기

모든 재료를 믹서에 넣고 간다.

체질 체크

	★★★★★	★★★★	★★★	★★	★	?
복숭아		금양, 금음	목양, 목음, 토양, 토음, 수양, 수음			
양배추	금양, 금음	토양, 토음, 수양	수음	목양, 목음		
대추야자						

한의사의 꿀정보

복숭아는 비타민A가 풍부해 성장, 면역력 증강, 야맹증에 좋습니다. 그리고 포도당과 유기산이 많아 식욕 증진, 피로 회복, 숙면 유도에도 좋습니다. 양배추로 만들어진 위장약이 있을 정도로 양배추의 위장 장애, 특히 위궤양 치유 효과는 매우 잘 알려져 있습니다. 이는 양배추에 들어 있는 항궤양성 비타민인 비타민U 덕분입니다. 그래서 위궤양뿐만 아니라 십이지장 궤양의 치료나 예방에도 뛰어난 효과가 있답니다. 한편 양배추에 들어 있는 A-리놀렌산은 간 기능 증진에 도움을 줍니다. 대추야자는 항산화 및 돌연변이 발생 억제 작용이 있는 것으로 알려져 있고, 대추야자의 당분은 피로 회복을 도와주기도 합니다.

Juice 10 | 비타민채 케일 바나나주스

아랫배에 가스가 잘 차고 대변 보는 게 시원하지 않은 사람에게 좋은 주스입니다. 진한 녹색이지만 단맛을 내는 바나나가 들어가 맛있게 즐길 수 있습니다.

준비하기

1. 비타민채 2~3포기를 깨끗이 씻고 밑동을 제거한다.
2. 쌈케일(또는 주스용 케일) 2~3장을 깨끗이 씻는다.
3. 바나나 1개의 껍질을 벗긴다.

만들기

모든 재료를 믹서에 넣고 간다.

체질 체크

	★★★★★	★★★★	★★★	★★	★	?
비타민채	금양, 금음	토양, 토음, 수양	수음	목양, 목음		
케일	금양, 금음	토양, 토음, 수양	수음	목양, 목음		
바나나		토양, 토음, 금양, 금음	목양, 목음	수양, 수음		

한의사의 꿀정보

케일과 비타민채 모두 비타민C가 풍부해 항산화 효과를 가지고 있습니다. 특히 케일은 혈당 조절 효능이 있으므로 인슐린 저항성이 있거나 다이어트하는 사람들이 당분이 많은 바나나를 먹을 때 케일을 함께 먹으면 좋습니다. 이 주스는 식이 섬유가 풍부한 재료로 구성되어 있고, 특히 변비 예방에 좋은 바나나가 들어 있어 자주 마시면 장 건강에 아주 좋습니다.

플러스 꿀팁

금양 · 금음 체질 다이어트

식단

건강한 금양·금음 체질은 체중이 쉽게 늘지 않습니다. 그렇지만 체질에 맞지 않는 밀가루와 육류의 섭취가 많거나, 설탕이 든 음식을 많이 먹으면 몸이 부으면서 체중이 늘게 됩니다. 심한 경우에는 체중이 급격히 증가하면서 아토피 피부염, 비염, 천식 같은 알레르기 질환이 생기거나 땀 분비가 많아질 수도 있습니다. 그래서 금양·금음 체질이 다이어트를 할 때는 몸에 맞지 않는 음식을 줄이는 게 매우 중요하답니다. 특히 밀가루 음식, 소고기, 닭고기 등의 육류, 유제품 섭취를 줄이면 개인차는 있지만 따로 운동을 하지 않아도 2~3kg 정도는 금방 줄어들 수도 있습니다.

금양·금음 체질에 맞지 않는 음식을 모두 피하는 게 익숙해지면 신선한 채소 섭취를 늘리는 게 좋습니다. 배추, 상추, 양배추, 케일 같은 잎채소가 잘 맞으며 이러한 채소와 물 섭취량이 늘어나면 체지방 감량이 효과적으로 이루어집니다. 흰 살 생선이나 조개류는 다이어트를 할 때 훌륭한 단백질원이 됩니다. 달걀은 먹어도 되지만 달걀노른자를 먹었을 때 소화가 잘 되지 않을 수 있으니 주의합니다. 또한 대부분의 단백질 셰이크에는 금양·금음 체질에 맞지 않는 콩이나 유청 단백질이 주로 들어 있으니 먹지 않는 게 좋습니다. 대신 두부는 좋은 단백질원이 될 수 있는데 특히 주스에 활용하면 포만감을 높일 수 있답니다. 단, 두부에도 당질이 들어 있으므로 너무 많은 양을 먹기보다 밥 대신 포만감을 느끼게 하는 정도로만 활용하도록 합니다.

간과 담낭이 약해서 기름진 음식이 잘 맞지 않는 금양·금음 체질은 지방산 섭취를 새우나 생선 등의 해산물로 하면 좋습니다. 다이어트 식단을 준비할 때 활용하기 좋은 오일류로는 올리브오일과 코코넛오일, 아보카도오일이 있습니다. 하지만 오일류를 과도하게 섭취하면 소화 불량이 생기거나 몸 여기저기에 통증이 생길 수 있으니 반드시 주의해야 합니다. 그리고 평소에 소화 능력이 떨어지는 사람일수록 백미를 소량씩 섭취하면서 채소와 단백질을 충분히 섭취하는 것이 소화 불량이나 가스 참 등의 불편감이 생기는 것을 예방할 수 있고 체중도 수월하게 감량됩니다.

다이어트 중에 변비가 생길 때는 키위를 채소와 함께 갈아 주스로 만들어 마시거나 씨를 제거한 참외를 먹으면 도움이 됩니다. 무엇보다 변비가 생기면 금양·금음 체질은 몸의 노폐물과 독소가 빠져나가지 못해 전체적인 컨디션이 저하되기 쉬우므로 평소에 물이나 메밀 차를 자주 마시면서 채소 섭취를 꾸준히 해 변비를 예방하는 게 좋습니다. 카카오닙스는 항산화 성분이 풍부하면서 숙변을 제거해주므로 다이어트 주스를 만들 때 활용하기 좋은 식재료입니다.

운 동 & 목 욕

금양·금음 체질에게 잘 맞는 운동은 수영입니다. 땀 흘리는 운동이 잘 맞지 않아 더운 환경에서 격렬하게 하는 운동은 당장 체중 감량에 도움이 될지는 몰라도 건강을 해칠 수 있습니다. 수영 같은 물속에서 하는 운동은 몸이 뜨거워지는 것을 막으면서 땀 분비를 억제해 체질에 잘 맞는 운동이긴 하지만, 이 역시도 격렬하면 강한 폐가 더욱 항진되면서 장기의 불균형을 초래할 수 있으니 주의합니다.

운동을 하고 난 뒤 몸이 뜨거워진 느낌이 들거나 땀이 나는 느낌이 든다면 찬물에서 몸이나 등 부위를 식히도록 합니다. 전신을 모두 찬물에 담그는 게 힘들다면 미지근한 물로 샤워를 한 뒤에 차가운 물로 30초에서 3분 정도 샤워만 해도 좋고, 정 힘들다면 차가운 물에 얼굴만 30초 정도 담가도 좋습니다. 이러한 냉수욕은 운동으로 흥분된 신경을 가라앉히는 데 도움이 됩니다.

금양·금음 체질은 교감 신경이 쉽게 흥분하는 경향성을 가져 교감 신경 흥분형 체질이라고도 부르는데, 스트레스를 받으면 교감 신경이 흥분되면서 근긴장도가 높아지고 손과 발이 차가워집니다. 교감 신경의 흥분이 잦아지거나 오랜 시간 지속되면 근육통, 불면증이 생기거나 만성적으로 피로를 느끼기도 합니다. 교감 신경은 척수에서 나와 혈관벽이나 모근 등에 분포하는데, 특히 등 부분을 찬물로 식혀주면 교감 신경의 흥분을 떨어뜨리는 데 도움이 됩니다. 이 외에도 내쉬는 호흡을 길게 하는 심호흡을 자주 하거나 명상을 즐기면 교감 신경의 흥분도가 떨어져 몸이 편안해지고 혈액 순환이 원활해집니다.

최근 유행하고 있는 크라이오테라피는 -130~-180도 정도의 극 저온 상태에 몸을 2~3분간 노출시켜 미토콘드리아를 활성화시키고 각종 염증을 줄여주면서 재활, 피부 미용, 다이어트에 도움이 된다고 알려져 있습니다. 크라이오테라피는 냉수욕이 잘 맞는 금양·금음 체질이 시도해보기 좋은 요법입니다.

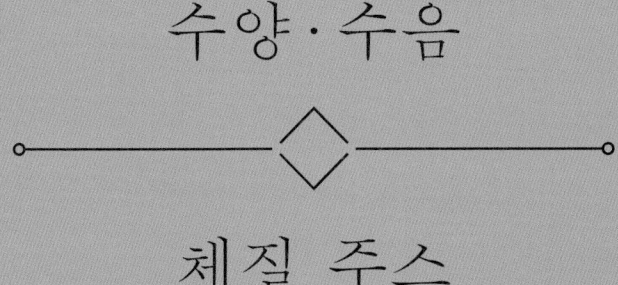

01 귤칼라만시방울토마토주스
02 아보카도망고고추스무디
03 토마토시금치고추주스
04 단호박당근잣주스
05 망고사과강황주스
06 자몽자두밀싹주스
07 사과당근대추주스
08 도라지호두두유셰이크
09 레몬방울토마토매실주스
10 더덕검은콩밀크셰이크

소화기가
약한

수양
체질을
위한

주스

Juice 01 | 귤칼라만시 방울토마토주스

피로 회복과 감기 예방에 좋은 새콤한 주스입니다.

준비하기

1. 귤 1~2개의 껍질을 벗긴다.
2. 칼라만시 원액 1컵을 준비한다.
3. 방울토마토 1줌을 깨끗이 씻고 꼭지를 제거한다.

만들기

모든 재료를 믹서에 넣고 간다.

체질 체크

	★★★★★	★★★★	★★★	★★	★	?
귤		목양, 수양, 수음	목음, 금음	금양	토양, 토음	
칼라만시		목양, 수양, 수음	목음, 금음	금양	토양, 토음	
방울토마토		목양, 수양, 수음	금양, 금음, 목음	토양, 토음		

한의사의 꿀정보

귤은 비타민C가 풍부해 감기 예방과 치료에 효과가 있습니다. 또한 피로 회복에 좋고 잇몸에 피가 나는 것을 예방해주는 효과가 있습니다. 칼라만시 역시 비타민C가 풍부해 피부 미용, 피로 회복, 면역력 강화에 좋고 펙틴을 함유하고 있어 혈중 콜레스테롤 수치를 낮춰주기도 합니다. 방울토마토는 비타민C·K, 항산화 작용을 하는 카로티노이드, 라이코펜을 다량으로 함유하고 있어 면역력 증강에 좋습니다.

Juice 02 | 아보카도망고 고추스무디

열대 과일과 고추가 만나 달달함 가운데 톡 쏘는 맛을 내는 스무디입니다. 속을 따뜻하게 데워 몸에서 열이 나게 만들어줘서 감기 초기에 으슬으슬 한기가 느껴질 때 마시기 좋답니다.

준비하기

1. 아보카도 1/2개와 망고 1/2개의 껍질과 씨를 제거한다.
2. 고추 2~3개를 깨끗이 씻고 꼭지를 제거한다.

만들기

모든 재료를 믹서에 넣고 간다.

체질 체크

	★★★★★	★★★★	★★★	★★	★	?
아보카도		목양, 목음, 토양, 토음	금양, 금음, 수양, 수음			
망고		목양, 수양, 수음	목음, 금음	금양	토양, 토음	
고추		수양, 수음	목양, 목음, 금음	금양	토양, 토음	

한의사의 꿀정보

아보카도, 망고, 고추 모두 비타민A·B₂·B₆·E 등이 매우 풍부해 피부 미용과 감기 예방에 좋답니다. 특히 고추의 캡사이신은 지방 대사와 혈액 순환을 촉진시키고 땀을 내는 효능이 있습니다.

Juice 03 | 토마토시금치 고추주스

몸을 따뜻하게 해주며 항암 효과가 있는 주스입니다.

준비하기

1. 토마토 1~2개를 깨끗이 씻는다.
2. 시금치 3~5포기를 깨끗이 씻고 밑동을 제거한다.
3. 고추 2~3개를 깨끗이 씻고 꼭지를 제거한다.

만들기

모든 재료를 믹서에 넣고 간다.

체질 체크

	★★★★★	★★★★	★★★	★★	★	?
토마토		목양, 수양, 수음	금양, 금음, 목음	토양, 토음		
시금치		수양, 수음, 금음	목양, 목음, 토양, 토음, 금양			
고추		수양, 수음	목양, 목음, 금음	금양	토양, 토음	

한의사의 꿀정보

토마토는 라이코펜이 풍부해 전립선암, 유방암 등을 예방하는 효과가 있고, 시금치는 카로티노이드가 풍부해 폐암을 예방하는 효과가 있는 것으로 알려져 있습니다. 특히 시금치는 위와 장을 활발하게 하고, 고추 역시 위장을 자극해 위장의 활동성이 떨어지는 사람들에게 도움이 됩니다. 토마토와 고추는 익히면 그 성질이 강해지고 영양 성분의 흡수율도 높아지므로, 토마토는 살짝 끓여서 껍질을 벗기고 고추는 살짝 구워서 주스를 만들면 훨씬 좋답니다.

Juice 04 | 단호박 당근잣주스

부드러운 식감의 퓌레 같은 주스로 한 끼 식사 대용으로 그만입니다. 눈, 피부 건강에 특히 좋답니다.

준비하기

1. 단호박 1통을 익히고 껍질과 씨를 제거한다.
2. 당근 1개를 깨끗이 씻고 살짝 익힌다.
3. 잣 1줌을 준비한다(생략 가능하다).

만들기

1. 단호박과 당근을 믹서에 넣고 간다.
2. 1을 컵에 담고 잣을 올린다.

체질 체크

	★★★★★	★★★★	★★★	★★	★	?
단호박						
당근	목양, 목음	토양, 수음	토음, 수양	금양, 금음		
잣		목양, 목음, 수양, 수음		토양	토음, 금양, 금음	

한의사의 꿀정보

단호박과 당근은 비타민A, 베타카로틴이 풍부해 노화, 암 예방에 좋습니다. 또한 눈 건강 증진, 여드름 같은 피부염 예방, 발육 촉진의 효과가 있어 성장기 아이에게도 좋답니다. 잣의 비타민B_2·E는 피부 신진 대사를 활발하게 해주고 노화 방지 효과가 있어 피부 건강에 좋습니다.

Juice 05 | 망고사과 강황주스

장 건강을 돕고 피부를 맑게 해주는 디톡스 주스입니다. 자주 마시면 심혈관 질환과 치매를 예방할 수 있습니다.

준비하기

1. 망고 1/2개의 껍질과 씨를 제거한다.
2. 사과 1/2개와 강황가루 1~2큰술을 준비한다.

만들기

모든 재료를 믹서에 넣고 간다.

체질 체크

	★★★★★	★★★★	★★★	★★	★	?
망고		목양, 수양, 수음	목음, 금음	금양	토양, 토음	
사과	수양, 수음	목양, 목음		금음	토양, 토음, 금양	
강황		목양, 수양, 수음	금음, 목음	금양	토양, 토음	

한의사의 꿀정보

망고는 비타민이 풍부해 피부 미용에 좋고, 항산화 성분인 베타카로틴이 풍부해 인체에 유해한 활성 산소를 없애줍니다. 사과에 들어 있는 칼륨과 유기산은 피로 회복과 혈압 조절에 도움이 됩니다. 또한 사과의 펙틴은 장 운동을 자극해 변비에 좋고, 반대로 설사가 있을 때는 설사를 멎게 하는 작용도 합니다. 강황의 커큐민이라는 성분은 강력한 항산화 효과가 있어 염증을 감소시키고 치매를 예방하며 항암 작용을 합니다.

Juice 06 | 자몽자두 밀싹주스

새콤한 맛이 입맛을 돋우는 애피타이저 같은 주스로 대변 보는 데 어려움이 있는 분들에게 좋습니다.

준비하기

1. 자몽 1/2개의 껍질을 벗긴다.
2. 자두 2~3개를 깨끗이 씻고 씨를 제거한다.
3. 밀싹 1줌을 깨끗이 씻는다.

만들기

모든 재료를 믹서에 넣고 간다.

체질 체크

	★★★★★	★★★★	★★★	★★	★	?
자몽		목양, 수양, 수음	목음, 금음	금양	토양, 토음	
자두		금양, 금음	목양, 목음, 토양, 토음, 수양, 수음			
밀싹						

한의사의 꿀정보

자몽은 혈중 인슐린 농도와 콜레스테롤 수치를 낮춰준다는 연구 결과 때문에 다이어트 열풍의 중심에 서게 된 과일입니다. 하지만 자몽의 일부 성분이 특정 약물 대사를 방해하므로 혈압 약 같은 치료 약을 복용 중이라면 주의해야 합니다. 자두는 비타민C와 식이 섬유가 풍부해 피부 미용, 감기 예방에 좋고 특히 펙틴이라는 성분은 변비를 예방해준답니다. 밀싹에도 식이 섬유가 많아 숙변을 제거하는 데 좋습니다.

Juice 07 | 사과당근 대추주스

스트레스와 피로감이 많고 기력이 떨어지는 사람들에게 좋은 주스입니다.

준비하기

1. 사과 1/2개를 준비한다.
2. 당근 1/2~1개를 깨끗이 씻는다.
3. 대추 3~5개를 깨끗이 씻고 씨를 제거한다.

만들기

모든 재료를 믹서에 넣고 간다.

체질 체크

	★★★★★	★★★★	★★★	★★	★	?
사과	수양, 수음	목양, 목음		금음	토양, 토음, 금양	
당근	목양, 목음	토양, 수음	토음, 수양	금양, 금음		
대추		목양, 수양, 수음		목음, 금음	토양, 토음, 금양	

한의사의 꿀정보

사과에 들어 있는 칼륨과 유기산은 피로 회복과 혈압 조절에 도움이 됩니다. 또한 사과의 펙틴은 장 운동을 자극해 변비에 좋고, 설사가 있을 때는 설사를 멎게 하는 작용을 합니다. 당근은 식이 섬유가 풍부하고 비피더스균을 활성화하는 성분이 있어 장 운동을 활발하게 해주고 장의 기능을 도와줍니다. 또 당근은 눈 피로, 자율 신경 실조, 스트레스, 빈혈, 저혈압에 좋습니다. 대추는 항알레르기, 항암, 항노화 효과가 있고, 간 해독, 신경 진정에도 좋습니다. 예로부터 대추는 기운을 보충시키는 데 쓰였답니다.

Juice 08 | 도라지호두 두유셰이크

고소하고 담백한 맛의 셰이크로 몸에 좋은 지방산이 풍부해 두뇌 회전에 도움이 됩니다.

준비하기
1. 도라지 1줌을 깨끗이 씻고 손질한다.
2. 호두 1줌과 두유 1컵을 준비한다.

만들기
모든 재료를 믹서에 넣고 간다.

체질 체크

	★★★★★	★★★★	★★★	★★	★	?
도라지		목양, 목음, 수양, 수음			토양, 토음, 금양, 금음	
호두		목양, 목음, 수양, 수음		토양	토음, 금양, 금음	
두유		목양, 목음, 토양	토음, 수양, 수음		금양, 금음	

한의사의 꿀정보

도라지는 가래를 없애고 기침을 멎게 해줍니다. 특히 도라지의 사포닌은 염증을 가라앉히고 궤양을 예방합니다. 도라지는 소장의 지방 흡수를 억제해 비만을 예방하고, 저밀도 지단백(LDL) 콜레스테롤 수치를 떨어뜨리는 효과도 있습니다. 뿐만 아니라 혈압을 떨어뜨리고 항암, 항산화, 진통 효과까지 가지고 있습니다. 호두는 몸에 좋은 지방산과 비타민 E가 들어 있어 항산화 작용을 하고 뇌혈관을 보호하며 뇌세포를 활성화시킵니다. 두유는 식물성 단백질과 지방이 풍부하며, 특히 레시틴이 풍부해 피부가 거칠어지는 것을 예방하는 효과가 있습니다. 칼륨, 마그네슘, 철 또한 풍부하며, 우유를 소화시키기 힘든 사람들이 마시기 좋습니다.

Juice 09 | 레몬방울토마토 매실주스

과로로 몸살이 났을 때 혹은 스트레스성으로 뒷목이 결리고 가슴이 답답할 때 마시기 좋은 주스입니다.

준비하기

1. 레몬 1/2개의 즙을 낸다(또는 레몬즙 1큰술).
2. 방울토마토 1줌을 깨끗이 씻고 꼭지를 제거한다.
3. 매실액 1~2큰술과 애플민트 2~3장(또는 1줌, 생략 가능)을 준비한다.

만들기

모든 재료를 믹서에 넣고 간다(또는 레몬즙, 방울토마토, 매실액을 믹서에 넣어 갈고 컵에 담은 다음 애플민트를 올리거나, 애플민트로 차를 우려서 다른 재료와 함께 갈아도 좋다).

체질 체크

	★★★★★	★★★★	★★★	★★	★	?
레몬		목양, 수양, 수음	목음, 금음	금양	토양, 토음	
방울토마토		목양, 수양, 수음	금양, 금음, 목음	토양, 토음		
매실		수양, 수음	목양, 목음	토양, 토음, 금양, 금음		
애플민트						

한의사의 꿀정보

레몬의 구연산은 몸 안에 쌓인 피로 물질을 제거하며, 비타민C가 풍부해 감기 예방, 피부 미용에 좋습니다. 토마토는 비타민C·K, 항산화 작용을 하는 카로티노이드, 라이코펜을 다량으로 함유하고 있어 면역력 증강에 좋습니다. 특히 토마토에 들어 있는 비타민C·E는 모세 혈관을 강화시키고 혈압을 내려주는 효과가 있습니다. 매실은 담즙 분비를 촉진시키고 위장 운동을 활발하게 해 식욕을 돋우고 소화를 돕습니다. 매실에도 구연산이 있어 피로 회복에 좋고, 열을 떨어뜨리는 효과가 있어 감기에 걸렸을 때나 홧병으로 열이 오를 때 좋습니다. 하지만 독감 등으로 고열이 날 때는 먹지 않도록 합니다. 애플민트의 멘톨은 소화를 돕고 신경을 안정시킵니다.

Juice 10 | 더덕검은콩 밀크셰이크

노화를 예방하고 피부결과 머릿결을 부드럽게 해주는 셰이크입니다.

준비하기

1 더덕 1줌을 깨끗이 씻고 손질한다.
2 검은콩 1줌을 볶는다.
3 우유 1컵을 준비한다(두유로 대체해도 좋다).

만들기

모든 재료를 믹서에 넣고 간다.

체질 체크

	★★★★★	★★★★	★★★	★★	★	?
더덕		목양, 목음, 수양, 수음			토양, 토음, 금양, 금음	
검은콩		목양, 목음, 토양, 수양, 수음	토음		금양, 금음	
우유		목양, 목음 (따뜻하게) / 토양, 토음 (시원하게)	수양, 수음 (따뜻하게)		금양, 금음	

한의사의 꿀정보

더덕은 사포닌이 풍부하게 함유되어 있어 감기, 기침, 천식 등에 좋습니다. 또한 칼슘, 철분, 비타민B_1이 풍부하며 리놀산이 들어 있어 체내 콜레스테롤 수치를 낮춰줍니다. 검은콩에도 혈중 콜레스테롤 농도를 낮춰주는 효과가 있으며, 안토시아닌과 이소플라본이 풍부해 노화 방지, 모발 건강에 도움을 줍니다. 우유는 칼슘이 풍부해 골다공증 예방에 좋고, 비타민B_2가 풍부해 에너지 대사를 촉진시킵니다. 뿐만 아니라 우유 속에 들어 있는 카제인과 알부민은 피부를 윤기 나고 탄력 있게 해줍니다.

01 망고당근주스

02 귤파프리카강황주스

03 사과자두밀싹주스

04 자몽양파레모네이드

05 배도라지잣주스

06 자두비트주스

07 망고두리안당근주스

08 토마토당근대추주스

09 골드키위시금치주스

10 자두방울토마토에이드

위장이
약한

수음
체질을
위한

주스

Juice 01 | 망고 당근주스

눈 피로, 시력 증진, 피부 미용에 좋은 달달한 주스입니다.

준비하기

1 망고 1/2의 껍질과 씨를 제거한다.
2 당근 1개를 깨끗이 씻는다.

만들기

모든 재료를 믹서에 넣고 간다.

체질 체크

	★★★★★	★★★★	★★★	★★	★	?
망고		목양, 수양, 수음	목음, 금음	금양	토양, 토음	
당근	목양, 목음	토양, 수음	토음, 수양	금양, 금음		

한의사의 꿀정보

망고는 항산화 성분인 베타카로틴이 풍부해 인체에 유해한 활성 산소를 없애주고, 비타민이 풍부해 피부 미용에 좋습니다. 다만 당도가 높은 망고만으로 주스를 만들면 혈당을 빠르게 올릴 염려가 있으므로 다이어트 중이거나 혈당 조절이 필요한 사람들은 식이 섬유가 풍부한 당근을 같이 섭취하면 도움이 됩니다. 당근은 비타민A가 풍부해 피부를 부드럽게 해주며, 시력을 보호하고 야맹증을 예방합니다. 또한 당근의 비타민E는 혈액 순환 및 몸을 따뜻하게 하는 데 도움이 되며, 카로틴은 궤양을 예방합니다.

Juice 02 | 귤파프리카 강황주스

면역력을 증진시키고 감기를 예방해주는 디톡스 주스입니다.

준비하기

1. 귤 1~2개의 껍질을 벗긴다.
2. 파프리카 1/2개(또는 미니파프리카 2~3개)를 깨끗이 씻고 씨를 제거한다.
3. 강황가루 1·2큰술을 준비한다.

만들기

모든 재료를 믹서에 넣고 간다.

체질 체크

	★★★★★	★★★★	★★★	★★	★	?
귤		목양, 수양, 수음	목음, 금음	금양	토양, 토음	
파프리카			모든 체질			
강황		목양, 수양, 수음	금음, 목음	금양	토양, 토음	

한의사의 꿀정보

귤은 비타민C가 풍부해 감기 치료 및 예방에 효과가 있습니다. 또한 피로 회복에 좋고, 잇몸에 피가 나는 것을 예방하는 효과도 있습니다. 파프리카 역시 비타민C가 풍부하고, 항산화 성분인 베타카로틴이 풍부해 인체에 유해한 활성 산소를 없애준답니다. 강황에 들어 있는 커큐민은 강력한 항산화 효과가 있어 염증을 감소시키고 치매를 예방하며 항암 작용을 합니다.

Juice 03 | 사과자두 밀싹주스

변비가 있거나 장이 좋지 않은 사람들이 마시기 좋은 새콤달콤한 주스입니다.

준비하기

1. 사과 1/4개를 준비한다.
2. 자두 2~3개를 깨끗이 씻고 씨를 제거한다.
3. 밀싹 1줌을 깨끗이 씻는다.

만들기

모든 재료를 믹서에 넣고 간다.

체질 체크

	★★★★★	★★★★	★★★	★★	★	?
사과	수양, 수음	목양, 목음		금음	토양, 토음, 금양	
자두		금양, 금음	목양, 목음, 토양, 토음, 수양, 수음			
밀싹						

한의사의 꿀정보

사과의 칼륨과 유기산은 피로 회복과 혈압 조절에 도움이 됩니다. 또한 사과의 펙틴은 장 운동을 자극해 변비에 좋고, 설사가 있을 때는 설사를 멎게 해줍니다. 자두는 비타민C와 식이 섬유가 풍부해 피부 미용, 감기 예방에 좋고, 자두 역시 펙틴이 있어 변비 예방에 좋습니다. 밀싹은 식이 섬유가 많아 숙변 제거에 도움을 줍니다.

Juice 04 | 자몽양파 레모네이드

혈관을 튼튼하게 해주고 간의 피로를 덜어주는 해독 주스입니다.

준비하기

1. 자몽 1/2개의 껍질을 벗긴다.
2. 양파 1/2개의 껍질을 벗기고 적당히 썰어 물에 10분 이상 담가 매운 기를 뺀다.
3. 레몬 1개의 즙을 낸다(또는 레몬즙 1큰술).
4. 탄산수 1컵을 준비한다.

만들기

1. 자몽, 양파, 레몬즙, 탄산수 1/2컵을 믹서에 넣고 간다.
2. 1을 컵에 담고 남은 탄산수를 섞는다(탄산의 청량감을 더 많이 느낄 수 있다).

체질 체크

	★★★★★	★★★★	★★★	★★	★	?
자몽		목양, 수양, 수음	목음, 금음	금양	토양, 토음	
양파		목양, 수양, 수음	금음, 목음	금양	토양, 토음	
레몬		목양, 수양, 수음	목음, 금음	금양	토양, 토음	

한의사의 꿀정보

자몽은 라이코펜과 비타민C가 풍부해 면역력을 높이는 데 도움이 됩니다. 특히 자몽의 펙틴은 체내 콜레스테롤을 낮춰주는 것으로 알려져 있으며, 양파 역시 케르세틴이라는 성분을 함유해 혈관을 강화하고 혈압을 낮추는 효능이 있습니다. 양파는 글루타티온이 풍부해 간 해독 효소의 생성을 도움으로써 피로 회복과 숙취 해소 효과가 있습니다. 레몬의 구연산 역시 피로 회복에 좋고, 풍부한 비타민C가 감기를 예방하고 면역력을 증진시켜줍니다. 단, 자몽의 일부 화합물이 인체의 몇 가지 약물 대사를 방해하는 것으로 알려져 있으므로 혈압 약 같은 치료 약을 복용 중이라면 주의 사항을 잘 읽어봐야 합니다.

Juice 05

배도라지 잣주스

소화기와 호흡기가 약하고 피곤함을 자주 느끼는 사람들에게 좋은 주스입니다.

준비하기

1. 배 1/2개의 껍질과 씨를 제거한다.
2. 도라지 1줌을 깨끗이 씻고 손질한다.
3. 잣 1줌과 꿀 1~2큰술을 준비한다.

만들기

1. 배와 도라지를 믹서에 넣고 간다.
2. 1을 컵에 담고 잣과 꿀을 넣어 섞는다.

체질 체크

	★★★★★	★★★★	★★★	★★	★	?
배	목양, 목음	토양, 수음	토음, 수양	금양, 금음		
도라지		목양, 목음, 수양, 수음			토양, 토음, 금양, 금음	
잣		목양, 목음, 수양, 수음		토양	토음, 금양, 금음	
꿀		목양, 수양, 수음		목음, 금음	토양, 토음, 금양	

한의사의 꿀정보

배는 수분과 식이 섬유가 풍부해 변비 예방과 다이어트에 좋고, 루테올린이라는 항산화 물질 덕분에 호흡기 질환을 예방하는 효과가 있습니다. 또 소화를 돕고 이뇨 작용이 뛰어나 부종이 있는 사람들에게 좋습니다. 도라지는 가래를 없애고 기침을 멎게 합니다. 특히 도라지의 사포닌은 염증을 가라앉히고 궤양을 예방합니다. 또한 소장의 지방 흡수를 억제해 비만을 예방하고 저밀도 지단백(LDL) 콜레스테롤 수치를 떨어뜨려주기도 합니다. 뿐만 아니라 혈압을 낮추고 항암, 항산화, 진통 효과도 있습니다. 잣의 비타민B_2·E는 피부 신진 대사를 활발하게 해주고 노화를 방지하는 효과가 있어 피부 건강에 좋습니다. 꿀도 비타민B_6가 풍부해 피부 미용에 좋고, 위장을 보호하며 알레르기성 천식이나 인후통을 감소시키는 효능이 있습니다. 꿀의 주성분인 포도당과 과당은 피로 회복에 도움이 됩니다.

Juice 06 | 자두비트 주스

간과 장 해독에 좋은 주스입니다. 새콤달콤한 자두가 들어가 비트 맛을 낯설어하는 사람들도 잘 마실 수 있게 도와준답니다.

준비하기

1. 자두 2~3개를 깨끗이 씻고 씨를 제거한다.
2. 비트 1/4~1/2개를 깨끗이 씻는다(익혀도 좋다).

만들기

모든 재료를 믹서에 넣고 간다.

체질 체크

	★★★★★	★★★★	★★★	★★	★	?
자두		금양, 금음	목양, 목음, 토양, 토음, 수양, 수음			
비트		목양, 목음, 수음	토양, 수양	토음	금양, 금음	

한의사의 꿀정보

자두는 비타민C와 식이 섬유가 풍부해 피부 미용, 감기 예방에 좋고 특히 자두의 펙틴은 변비 예방에 좋답니다. 비트는 열량이 적어 다이어트에 좋으며, 비타민A·C, 엽산, 철분이 많아 빈혈에도 좋습니다. 특히 항산화 작용을 하는 베타인이 암을 예방하고 염증을 완화시켜줍니다. 또한 비트의 엽소는 간 정화 작용도 합니다.

Juice 07 | 망고두리안 당근주스

열대 과일의 단맛과 예쁜 오렌지색에 당근을 살짝 숨겨 봤습니다. 당근을 싫어하는 아이들 그리고 에너지가 필요한 어른들에게 좋은 주스입니다.

준비하기

1. 망고 1개와 두리안 1/2개(생략 가능)의 껍질과 씨를 제거한다.
2. 당근 1개를 깨끗이 씻는다.

만들기

모든 재료를 믹서에 넣고 간다.

체질 체크

	★★★★★	★★★★	★★★	★★	★	?
망고		목양, 수양, 수음	목음, 금음	금양	토양, 토음	
두리안						
당근	목양, 목음	토양, 수음	토음, 수양	금양, 금음		

한의사의 꿀정보

망고는 당분, 비타민, 베타카로틴이 많고, 두리안 역시 당분이 많은 과일이라 이 주스는 열량이 높습니다. 따라서 다이어트에는 적합하지 않을 수 있지만 원기 회복이 필요하거나 에너지 소모량이 많을 때 마시기 좋답니다. 또한 베타카로틴이 많은 망고와 당근이 들어가 눈 건강에 좋기 때문에 열량 소모가 많은 성장기 아이들에게 좋은 주스입니다. 두리안의 향이 싫거나 두리안을 구하기 힘들면 생략해도 좋습니다.

Juice 08

토마토당근 대추주스

기력을 보충시켜주는 각종 영양소가 풍부한 주스입니다.

준비하기

1. 토마토 1개(또는 방울토마토 1줌)와 당근 1/2~1개를 깨끗이 씻는다.
2. 대추 3~5개를 깨끗이 씻고 씨를 제거한다.

만들기

모든 재료를 믹서에 넣고 간다.

체질 체크

	★★★★★	★★★★	★★★	★★	★	?
토마토		목양, 수양, 수음	금양, 금음, 목음	토양, 토음		
당근	목양, 목음	토양, 수음	토음, 수양	금양, 금음		
대추		목양, 수양, 수음		목음, 금음	토양, 토음, 금양	

한의사의 꿀정보

토마토는 비타민C·K, 항산화 작용을 하는 카로티노이드, 라이코펜을 다량으로 함유하고 있어 면역력 증강에 좋습니다. 특히 토마토에 들어 있는 비타민C·E는 모세 혈관을 강화시키고 혈압을 내려줍니다. 당근에는 비타민A·B_1·B_2·C, 칼슘, 마그네슘, 철 등의 영양소가 풍부해 다이어트 시 영양 부족이나 빈혈 등을 예방해줍니다. 대추는 항알레르기, 항암, 항노화 효과가 있습니다. 특히 간을 해독하고 신경을 진정시키는 효능이 있습니다. 예로부터 대추는 기운을 보충시키는 데 써왔답니다.

Juice 09 | 골드키위 시금치주스

달콤쌉싸름한 맛이 도는 가벼운 주스로 아침에 마시기 좋습니다. 두통과 변비가 잦은 사람에게 특히 도움이 됩니다.

준비하기

1. 골드키위 2~3개의 껍질을 벗긴다.
2. 시금치 1~2포기를 깨끗이 씻고 밑동을 제거한다.

만들기

모든 재료를 믹서에 넣고 간다.

체질 체크

	★★★★★	★★★★	★★★	★★	★	?
골드키위			모든 체질			
시금치		수양, 수음, 금음	목양, 목음, 토양, 토음, 금양			

한의사의 꿀정보

골드키위와 시금치는 비타민과 철분이 많아 빈혈이 있는 여성들에게 좋으며, 베타카로틴이 풍부해 피부 건강에도 좋답니다. 시금치는 한약재명으로 파채라고 하며, 몸이 허한 사람들이나 노인의 변비에 좋고, 폐경 후 갱년기 장애로 인한 두통, 어지럼증, 혈압이 오를 때 좋습니다. 시금치의 옥살산염은 결석을 유발할 수 있는데, 칼슘과 단백질이 있는 키위, 당근, 우유 같은 식품을 함께 먹으면 결석 발생 확률을 줄일 수 있습니다.

| Juice 10 | 자두 방울토마토에이드 | |

소화가 잘 되게 해주고 몸속 노폐물도 잘 배출되게 해주는 에이드입니다.

준비하기

1. 자두 1~2개를 깨끗이 씻고 꼭지와 씨를 제거한다.
2. 방울토마토 1줌을 깨끗이 씻고 꼭지를 제거한다 (살짝 데쳐 껍질을 벗기면 식감이 더 부드럽다).
3. 탄산수 1컵을 준비한다.

만들기

모든 재료를 믹서에 넣고 간다.

체질 체크

	★★★★★	★★★★	★★★	★★	★	?
자두		금양, 금음	목양, 목음, 토양, 토음, 수양, 수음			
방울토마토		목양, 수양, 수음	금양, 금음, 목음	토양, 토음		

한의사의 꿀정보

자두는 비타민C가 풍부해 감기 예방에 좋고, 시트리닌이라는 성분이 이뇨 작용을 원활하게 해줍니다. 또한 식이 섬유와 펙틴이 있어 변비에도 좋고 자두의 새콤달콤한 맛은 식욕을 돋우기 좋습니다. 방울토마토는 비타민C·K와 항산화 작용을 하는 카로티노이드, 라이코펜을 다량으로 함유하고 있어 면역력 증강에 좋습니다. 방울토마토의 비타민B_6는 소화를 촉진시키고, 방울토마토의 잎과 녹색 방울토마토에 많은 토마틴은 콜레스테롤의 체내 흡수율을 줄여줍니다.

플러스 꿀팁

수양·수음 체질 다이어트

> 식 단

수양·수음 체질은 금 체질과 마찬가지로 교감 신경이 비교적 잘 흥분되는 교감 신경 흥분형 체질입니다. 건강한 수양·수음 체질은 살이 잘 찌지 않지만 수음 체질은 비만인 경우를 종종 볼 수 있습니다. 췌장과 위장이 약한 수양·수음 체질은 과식이나 폭식을 즐길 경우 소화력이 떨어지면서 신진대사율도 함께 떨어져 체중이 늘기 쉽습니다. 그래서 소식 습관을 가지는 게 좋고, 다이어트를 시작할 때도 음식 먹는 양을 줄이고 대신 천천히 꼭꼭 씹어 삼키는 훈련을 합니다.

수양·수음 체질에게는 닭고기와 콩이 잘 맞으므로 닭가슴살로 만든 다이어트 식품이나 콩으로 만든 단백질 셰이크 등을 활용할 수 있습니다. 단, 찬 음식이나 날 음식 위주로 먹는 것보다는 소화력이 떨어지지 않게 음식을 항상 따뜻하게 데워 먹는 게 좋습니다. 그리고 고추, 강황, 생강, 계피를 활용하면 약한 췌장과 위장을 보호하면서 신진대사를 촉진시켜 체지방과 내장 지방을 효과적으로 감소시킬 수 있습니다. 특히 수양·수음 체질이 다이어트에 활용하기 좋은 채소로는 당근, 시금치, 부추, 토마토 등이 있습니다.

반면, 돼지고기, 바다 생선, 조개류, 새우 등은 수양·수음 체질의 단백질원으로 적절하지 않습니다. 현미밥을 먹으면서 하는 다이어트도 잘 맞긴 하나 충분히 씹어서 삼켜야 소화 불량을 예방할 수 있습니다. 수양·수음 체질은 여름철에 체력과 컨디션이 많이 떨어지는 경향이 있는데, 덥다고 찬물이나 얼음을 자주 섭취하면 속이 차가워지면서 몸이 무거워지고 살이 찌기 쉬워집니다.

약한 췌장과 위장 기능을 도와 소화력이 떨어지는 걸 방지하기 위해 생강차, 대추차, 인삼차 등을 마시면 도움이 될 수 있습니다. 그렇지만 설탕이나 액상 과당을 넣어 달게 마시면 오히려 다이어트에 방해가 될 수 있으니 주의합니다. 꿀을 넣은 한방 차는 일주일에 한 번 이상은 마시지 않을 것을 권합니다. 대신 레몬이나 라임을 넣어 만든 디톡스 워터를 마시거나 주스, 샐러드 재료로 칼라만시 즙이나 자몽을 활용하면 좋습니다. 자몽이나 칼라만시의 펙틴은 혈중 콜레스테롤 농도를 낮춰준다는 연구 결과도 있답니다.

운 동 & 목 욕

수양·수음 체질은 땀을 많이 흘리면 건강에 좋지 않습니다. 때문에 사우나, 반신욕을 하면서 땀을 내면 컨디션이 나빠지면서 몸에 힘이 빠지는 느낌이 들 수 있습니다. 그래서 운동을 하더라도 수영처럼 땀을 내지 않을 수 있는 운동이나 과격하지 않은 운동을 하는 게 좋고, 더운 환경에서 혹은 햇빛을 쬐면서 하는 운동은 피합니다. 수양·수음 체질은 평소에 찬물 목욕을 하거나 운동 후 찬물에 몸을 담그는 것도 좋습니다. 운동할 때나 명상할 때, 폐가 비교적 강한 수양 체질은 내쉬는 호흡을 길게 하고 폐가 약한 편인 수음 체질은 마시는 호흡을 길게 하는 게 좋습니다.

매일 8체질 주스

1판 1쇄 인쇄	2019년 6월 14일
1판 1쇄 발행	2019년 6월 28일
지은이	신수림
발행인	정욱
편집인	황민호
출판사업본부장	박종규
편집장	박정훈
책임편집	강경양
마케팅본부장	김구회
마케팅	이상훈 김학관 김종국 반재완 이수정 임도환 조안나 이유진
국제판권	이주은
제작	심상운
발행처	대원씨아이㈜
주소	서울특별시 용산구 한강대로15길 9-12
전화	(02)2071-2094
팩스	(02)749-2105
등록	제3-563호
등록일자	1992년 5월 11일
ISBN	979-11-362-0192-8 13590

- 이 책은 대원씨아이㈜와 저작권자의 계약에 의해 출판된 것이므로 무단 전재 및 유포, 공유, 복제를 금합니다.
- 이 책 내용의 전부 또는 일부를 이용하려면 반드시 저작권자와 대원씨아이㈜의 서면동의를 받아야 합니다.
- 잘못 만들어진 책은 판매처에서 교환해 드립니다.